真理文明の流《る》転《てん》

過去と未来の間で

大川隆法

まえがき

本書は、第1章での「真理文明の流転《るてん》」で人類の秘史ともいうべきイエス・キリストの転生の歴史を語りました。まさに真実の宗教史として、旧約聖書に新たな1章がつけ加えられたかの観があります。クラリオ、クリシュナ、アガシャーの三人の人生に、イエスの魂の奥に流れる熱い血潮を感じずにはおれません。

また、第2章の「心の開拓」、第3章の「勇気の原理」では、悟りと勇気という新しいテーマを追究してみました。必ずや自己変革、時代変革のエネルギーが湧《わ》き上がってくるのを感じられることでしょう。

第4章の「未来への聖戦」では、新文明到来の予言と、私たちの聖戦について語ってあります。一年余り前の講演録を基《もと》とする本章の予言は、すでにソ連邦の崩壊等が的中し、更に次々と的中してゆきそうな雲行きです。

本書に収録された全4章は、九次元指導霊モーセの霊指導を受けての私の講演録、講義録を集めたものです。本書の底流をなす、神の七色光線のなかの赤色光線としての、時代変革のエネルギーを感じとって下されば幸いです。

一九九二年　一月

幸福《こうふく》の科学《かがく》グループ創始者兼総裁《そうししゃけんそうさい》　大川隆法《おおかわりゅうほう》

真理文明の流転　目次

第2章　心の開拓

一九八八年五月一日　説法
群馬《ぐんま》県・草津《くさつ》ナウリゾートホテルにて

第3章　勇気の原理

一九八九年五月三日　説法

兵庫県《ひょうご》・宝塚《たからづか》グランドホテルにて

第4章　未来への聖戦

一九九〇年十二月九日　説法
大阪《おおさか》府・インテックス大阪にて

第1章

真理文明の流転《るてん》

一九八九年第一回講演会

一九八九年三月五日　東京都・渋谷公会堂にて

1　文明の源流を探る

本章では「真理文明の流転《るてん》」ということで話をしたいと思います。

私たちが追究し、探究している法というものが、ここ二、三千年の歴史のなかでどのように流れてきたのかということについて、みなさんもある程度ご存じであろうと思います。

あるときにはエジプトでモーセの出誕があり、その教えがイスラエルに流れていきました。

それからまた、三千数百年前のゼウスの時代、そして二千数百年前のソクラテスの時代には、ギリシャの文化の高みがありました。

また、二千年前にはイスラエルでイエスが出て愛の教えを説きましたし、仏陀《ぶっだ》は二千五、六百年前にインドにおいて教えを説きました。

同じころ、中国では孔子《こうし》という方が儒教となる教えを説きましたし、同時代、やや遡《さかのぼ》って老子《ろうし》という方が老荘思想の根源の教えを説きました。

また紀元後六百年代には、マホメットがイスラムの教えを説きました。

こうしたことについては、すでに『黄金の法』（幸福の科学出版刊）などで読まれたことかと思います。

しかし、私が本章で述べたいことは、それほど新しい時代のことではありません。もっと遡って、文明の源流、法の源流はどのあたりにあるのかを考えてみたいと思うのです。

何しろ四千年以上昔に遡っていきますと、文献《ぶんけん》とてありませんし、それを立証するものも何もありません。すべては、過去の人類の歴史を霊的意識として私が観《み》ることができるという、この一点にかかっているわけであります。それゆえ、これについては何ら証明するものはありません。

ただ、今日みなさんが生きているということは、みなさんの先輩に当たる方々が確かにいたということです。

そして、神の教えというのがわずか二千年前、三千年前だけに説かれ、それ以前に説かれなかったと考えるのは、やはり思慮《しりょ》不足と言わざるをえないと思うのです。

神の教えというのは、いつの時代にも説かれてきました。そして、いつの時代にも、姿形《すがたかたち》は変われども地上に指導者が降り、「あなたがたはこのように考え、このように進んでいきなさい」と、人類の行く手を、新たな道を指し示してきたのであります。

その教えは時代時代において異なり、その時代と地域によって教えが変わるために、ある一つの教えを受けた人々や、その教えの流れを汲《く》んでいる人々は、やがて他の教えとの違いが分からなくなり、自分の学んでいる教えのみが真実の教えであり、それ以外の教えは異教、邪教であると考えるようになりがちです。

ただこの点については、一つには真実が知らされていないということ、そしてもう一つは、法を学ぶ者の理解力の欠如が原因となっていると言わざるをえないのです。

今、西洋諸国にはイスラエルから始まったキリスト教の教えが広がっていますが、一方でイスラエルに側近《そば》きイラン、イラク、サウジアラビアなどで説かれたマホメットの教えがあります。

みなさんは、このマホメットの教えを奉ずる人々の考えと西洋諸国の考えが違っているということを、新聞、テレビ等を通じて知っておられることでしょう。

例えば、イスラム教の故ホメイニ師の「マホメットを侮辱《ぶじょく》するということは死罪に値する」という言葉は、西洋諸国の人々にはまったく理解ができませんでした。それは、「キリストを侮辱されるということは耐えられないことであるけれども、マホメットについてはさほどの関心がない」というような考えなのでしょう。

しかし今、幸福の科学に集《つど》いて、真理の教え、体系を学んだみなさんであるならば、何ゆえに神の教えを受けた者たちの考えが違うのかが分からざるをえない、いや分かってしかるべきであると考えるのです。それが分からなければ、幸福の科学において学んでいる意味はないのです。

私たちは「知る」ということを通して、偉大なる寛容の道に入ろうとしているのです。主義、主張、信条の違う方々に対して寛容になれない理由は、彼らの依《い》拠《きょ》する考え方が理解できないからなのです。

私たちは今、みなさんにさまざまな考え方を提示することによって、いかなる教えの分かれ方があるのか、それらはどのように位置づけられるのか、どのように理解すべきなのかを明らかにしています。

そして、自分の考えと違う考えのなかにも真理の光がある場合に、たとえ自分のものでなくとも、自分が賛同できるものでなくても、やはり光を体現する思想として敬意を表明するという考え方を取っています。これが本当の意味における万教同根《ばんきょうどうこん》ということです。

この万教同根、万教帰一《ばんきょうきいつ》という言葉は、言葉としては美しいし、それを受け入れたいと考えている方は数多くいるでしょう。また、それを口にする宗教家も数多くいらっしゃることでしょう。

しかし、真実の意味において、この万教同根ということ、万教帰一ということが本当に分かっているのかと問うたときに、私は合格点のつく答えは返ってこないと感じるのです。それは、本当の事実を知らないからなのです。

真の意味において万教同根ということが分かるためには、たかが二千年、三千年の歴史を知ったぐらいでは不十分なのです。もっともっと古い時代まで遡って、人類の思想はどのように分かれてきたのか、どのような流れを取ってきたのか、そして、時代の要請に応じてどのように現れてきたのかを知る必要があります。また、このような過去の歴史を見たときに、現代という時代において、この地において求められている法はいったい何であるのか、どのような姿を取らなければならないのかを知る必要があります。

そこで、私はまず、みなさんもご存じであろうモーセの教えより前に、エジプトで説かれた教えについてお話ししてみたいと思います。

2　イエスの転生《てんしょう》に学ぶ

①クラリオの生涯《しょうがい》

・神の国の建設

今から四千年余り前のことです。エジプトの地にクラリオという人が生まれました。イエス・キリストの魂《たましい》のきょうだいの一人であります。このクラリオが四千年前のエジプトにおいて、いったい何をしたか、何を説いたかということについては何らの文献《ぶんけん》もありません。

このクラリオが法を説く前に、当時のエジプトにおいては文化的な流れとして継承されていた思想の柱が二つありました。

一つは転生輪廻《てんしょうりんね》の思想です。

これは確立されたものでした。あのクフ王のピラミッドが示すように、当時のエジプトの人たちは転生輪廻ということを当然のこととして受け入れておりました。これが基礎的な教えとしてありましたし、これを疑う人はほとんどいなかったというのが現実です。

もう一つは、その思想の根底には、「人間というものは必ず死を境にして裁きに遭《あ》う」という思想がありました。

人間は死を境にして裁きに遭い、善なる魂と悪なる魂に分けられる。

善なる魂は、やがて時を隔《へだ》てて戻ってくる。すなわち人間の肉体に宿って再誕する。そして、その善の程度に応じて高貴な身分に生まれ変わることができる。

したがって、王家に生まれ変わるということは、高貴な魂の証明であるという考え方です。

では、悪なる魂はどうなるか。悪なる魂は、まず地獄《じごく》というところに入れられて、そこで厳しい試練に遭う。そして厳しい試練のなかで、悪なる魂はさらに二つに分けられる。

一つの魂は、永遠に生まれ変わりを許されないものとして、地獄のなかの苦しい環境に置かれ続ける。すなわち業火《ごうか》に焼かれ続ける。

そして、地獄には堕《お》ちたが、多少なりとも善なる部分があった魂は、その善なるものの傾向に合わせた動物として生まれ変わることができる。このような思想です。

この転生輪廻の思想、裁きによる生まれ変わりの違いという思想は、ある意味において、現代の心霊学から見て妥当する部分が六、七割はあります。もちろんそのとおりのこともあります。

ただ、例えば、地上での身分と魂の高下《こうげ》とを同じように考えているところや、あるいは「地獄でそのまま苦しみ続ける魂と動物に生まれ変わってくるものとがある」という考え方などは、思い込みによる間違いです。

実際は反省ということを通して、地獄から天上界《てんじょうかい》に上がってきて、また人間に生まれ変わってくるということがあるのです。この部分についての教えは欠けていたと言えましょう。

ただ、このような思想が当時のエジプトでは主流の考え方でした。

このエジプトの地において、クラリオはどのようなことを教えたのでしょうか。

「人が救われるか救われないかは、その人の行為《こうい》に基づく結果によって測られることではない。すなわち、罪を犯したから地獄行きとなって、もはや人間として生まれ変わってこないという考え方は間違いである。

人間は結果だけで裁かれるのではない。人間はその思いにおいて裁かれるのである。ならば、いかなる思いにおいて裁かれるか。それは、他の者に対する思いやりである（これは、後《のち》のイエスの時代に説かれた愛の教えと同じ考え方です）。他の者への思いやりをより多く持った人間が善なる人間であり、自己中心的な発想のもとに生きた人間が悪なる人間であるのだ。

死後、人は外面的な罪によって裁かれるのではなく、その人の一生を通じた思いによって裁きを受けるのである。その思いが、いかに愛他的《あいたてき》な方向に向いていたかということが大事なのである。

したがって、たとえ王家の人間であろうとも、領民たちをよりよくしようとする愛の思いがなく、ただ自らの権力欲、支配欲のままに領民を圧迫して苦しめ、過酷《かこく》な納税や労役のもとに自分たちの栄華《えいが》をつくっていった王族たちは、地獄の底で苦しんでいる。

人々よ、生まれによって汝《なんじ》らの魂の高下は決まらない。汝らの魂は、その思いの純粋さによって値打ちが決まるのである。

たとえ生まれは貧しくとも、たとえ奴隷《どれい》の子に生まれようとも、たとえ世の中に認められないような職業のなかに生きている人間であっても、心において神近き心を持っているならば、その方はすなわち、神の代わりに地上に降りたがごとき生き方をしているということであり、地上を去ったときにもそのような扱いをされるのである」

イエスの前身であるクラリオはこのように説きました。

この教えに対してどのような反応が返ってきたかは、みなさんもおそらく想像がつくでしょう。もちろん、虐《しいた》げられた階級の人たち、夢も希望もなく生きていた人たちにとっては、この上なき福音《ふくいん》となりました。

「自分たちは、生まれによってこういう立場に立たされているから、一生可能性は何もないと思っていたが、クラリオ様がおっしゃるように、心の中身によって、思いによって自分の値打ちというものが変わるとするならば、この心の世界、思いの世界は自分の自由になるではないか。心の王国だけは自分の自由になるではないか。王によって治められている私たちであっても、自分の心の王国を治める主人公は私たち自身ではないか」

彼らは喜びました。そして、この新たな教えについていこうという熱気が溢《あふ》れました。人々はそれぞれの村から集まってきました。このようにイエスの魂というのは、いつの時代にも弱き者、虐げられている者に対して、限りなき愛を注ぎ続けているわけです。

そして彼らは熱狂的にクラリオの周りに集まりました。クラリオはやがて彼らに推《お》されて、次第に指導者として大きな力を持っていきました。そして人々は、彼を新たな王に推薦《すいせん》するという活動をしていきました。

しかし、エジプトの地には、王家の伝統が連綿としてありました。この支配階級がどのような挙《きょ》に出たかは想像に難《かた》くないと思います。それは稀《まれ》に見る弾圧だったのです。

彼らは憲兵のような者を使って、クラリオの教えに帰依《きえ》して熱心に活動している人たちを見つけては捕らえ、その町から引きずり出し、離れた地域まで連れていって、ピラミッドをつくるための石の切り出しと運搬をさせました。また人身《ひとみ》御供《ごくう》として、このピラミッドのなかや下の部分に人柱として埋《う》めたりということを繰り返しました。

支配階級たちは、人々がクラリオの教えを信ずれば家族から離され、苦役《くえき》を強いられ、とどのつまりは殺されていくように仕向け、人々の心を彼の愛の波動に合わせないように煽動《せんどう》していったのです。

しかしこのとき、人々は強かった。本当に強かったのです。なぜ彼らがそれほどまでに強かったのか。それは、彼らがあくまでも魂の永遠性ということを信じていたからです。現代のように魂の永遠性を信じない人たちが多くなり、この世のみの唯物的思想《ゆいぶつてきしそう》のもとに生きていかんとする人たちの集まりになったときに、人々はそれほど強くはなれないでしょう。

しかし彼らは強かった。彼らは、たとえ今世において報《むく》いられないとしても、永遠の世界を信じていたのです。いや、知っていたのです。そして、自らが単に肉体に宿って奴隷としてこき使われているような、そんな小さなものではなく、もっと偉大なるものであるということを信じ、来世《らいせ》に望みをつないだわけであります。

いくら圧迫しようとも殺害しようとも、次々とクラリオの教えに賛同し、帰依し、命を投げ捨てていく人たちが出てきました。これには、さすがの支配階級もどうすることもできなくなっていきました。

そしてクラリオは、現在のエジプトのナイル渓谷《けいこく》のほとりで新しい国の建設に取りかかりました。それは神の教えを信ずる人たちの国――彼はそれを「神の国」と命名いたしました。

この「神の国」というところには、何とかして自分たちの理想の王国をつくろう、魂の王国をつくろうという人たちが約一万人集まりました。クラリオを中心として、その一万の人たちのなかで自給自足経済が始まり、そのなかのさまざまな人たちが新たな文明の実験に取りかかっていきました。

・王の軍勢の急襲《きゅうしゅう》

しかし、終幕は意外なところから始まっていきました。それは、このクラリオの新しい神の王国のなかで、残念ながら後のユダのごとく、彼らを裏切る者が出てきたのです。

それは、いつの時代も同じでありますが、彼の弟子のなかに魔《ま》というものが入り込んできたのです。この内なる魔が、外なる魔を手引きすることとなったのです。そして王の軍勢が、不意討《う》ちに近いかたちでこの新しき村を襲《おそ》ってきました。

それは悲しい事件でありました。

彼らは、もはや女であろうが子供であろうが情け容赦《ようしゃ》ありませんでした。当時では近代的兵器だった投石機械によって石を打ち込み、火矢などを使って民家を焼き払い、そして数千名の軍勢が次々と槍《やり》と剣を持ってなだれ込んできました。

人々は逃げまどいました。普段は用心して警戒もしていたわけですが、内からの手引きがあったために、いちばん彼らが隙《すき》を見せているときに侵入されたのです。

それはちょうど、この新しき「神の国」というものがつくられて三年目の祭りの前日でありました。

人々はこの前夜祭の酒に酔《よ》いしれておりました。警備の兵士たちも手薄で、彼らはお酒を飲み、喜び、歌い、まさしく天国のような景観が繰り広げられていました。そして、お酒に酔って踊り疲れた彼らは、深い眠りについていました。

やがて、警備も手薄となった真夜中に、王の軍勢たちが急襲《きゅうしゅう》をかけました。この新しき村の大部分の人たちは虐殺《ぎゃくさつ》され、散り散りばらばらとなりました。クラリオをはじめ一部の手勢の者たち数百名は、ナイル渓谷《けいこく》をたどって上流へと逃げていきました。

しかし、この王の軍勢たちは執拗《しつよう》な追撃をやめず、そして約一カ月間攻防戦、逃亡戦が続いた末、最後にクラリオは、神の国の人々、そして彼の最愛の弟子たちと共にナイルの河に身を投げて、その一生を閉じることとなりました。時にクラリオ四十二歳です。そのような悲惨《ひさん》な人生がありました。

その後、彼はまた生まれ変わって、二千年後、イエスとしてイスラエルに生まれました。そして、以上の話を読まれてもお分かりのように、まったく同じような人生を歩んだわけです。

なぜそのように生きるのか、なぜそのような結果になるのか。

それは、あくまでも虐げられた人々、苦しんでいる人々と一体となろうとするその行為《こうい》そのものが体制に対する批判となり、彼らを揺るがす行為となるからです。貧しき人たちや虐げられた人たちへの優しき行為、愛の思いが、必然的に支配のイデオロギーを揺るがすものとなるからです。

そして、その不穏《ふおん》分子は必ず制裁を受けることになるのです。

私は、必ずしも体制側は魔の塊《かたまり》だとばかりは申しません。しかし、彼らの行動のなかで、そのような動きがあるのは当然のことでしょう。

イエスはそういう魂なのです。そういう役割を持って生きているのです。

愛のなかにさらに大いなる愛を実現せんがために、自己というものをなくして自分が救いたい人たちと一体となるような生き方をしたのです。

②クリシュナの生涯《しょうがい》

・愛と政治の一致

このクラリオの魂《たましい》は、エジプト時代よりさらに三千年ほど前に西インドのほうに生まれています。このとき、彼はクリシュナという名前で呼ばれていました。インドではクリシュナ神として有名です。

みなさんは、この方についてはあまりご存じではないでしょうが、やはり愛を説いた方なのです。

このクリシュナのときには、彼は王子として生まれました。

当時のインドの王国は外敵が非常に多く、戦いの嫌いな彼もそのなかに置かれました。人々は毎日、常に命を狙《ねら》われるという環境のなかで戦々恐々《せんせんきょうきょう》としていました。

ただ、このインドの地においてもエジプトと同様に、人々は魂というものを百パーセント信じておりました。そして転生輪廻の思想も百パーセント根づいておりました。

ここでクリシュナ神と呼ばれたこのイエスの魂が意図したものは、いったい何だったのでしょうか。彼が目指したものは「愛と政治の一致」でした。

後《のち》の転生では弱い者たちのために立ち上がりましたが、このときには政治する側、支配する側にあって、人々を愛のもとに結びつけようという考え方がありました。

そして、領民たちの生活をよくするために、あらゆる改善の手段を取っていきました。彼らの税金を免じ、苦役を免じ、そして軍隊もできるだけ効率的運営をして、多くの人たちが家族と共に楽しく暮らせるような方法を考えました。

そのためにはどうするか。クリシュナは考えに考えました。

そして、彼なりに考えたことは、「多くの一般の人たちを軍人として召しかかえて戦いに赴《おもむ》かせるのは、残された妻や子供たちにとっては限りない不幸となるから、人々のなかから自分と生死を共にしてくれるような人を募《つの》ろう」ということでした。すなわち彼の場合には、軍人となるべき人を自分の弟子という位置づけにしたのです。

「あなたがたは、できるなら結婚しないでいただきたい。それは、あなたがたはやがて命を捨てることになるからだ。

一般の方々は、どうか家庭を営んで、そして愛深き家庭をつくっていってほしい。私たちは命を捨てて国を守る。だから、私の考え、教えに賛同する人たちは一人で来てください。ただ一人、命を捨てて来てください。私の部下になるということは、もはやその時点で死んだということだと思ってください。みなさんの地上の肉体は、この国を守るためにあるのだと思ってください。

軍人となる人は、この国の一割にも満たないでしょう。残りの九割以上の人たちが幸せに生きられるために、あなたがたは盾《たて》となり矛《ほこ》となってください。私と共に命を捨ててください」

そのようなことで人を募りました。そして集まった人たちは、クリシュナと心を一つにし、彼と生死を共にするということを誓い合いました。

クリシュナが戦うときには戦う。クリシュナが死ぬときには死ぬ。そのような信仰というものを打ち立てました。ここにおいて、今度は信仰と政治と軍事というものが一体となりました。

クリシュナの考えは、できるだけ領民たちを戦争に巻き込まないということでしたので、彼は知恵の限りを絞《しぼ》って、七千年前の当時のインドにおいて近代的軍隊をつくっていったわけです。

それはどのようなものであったでしょうか。

たとえば、いわゆる大八車《だいはちぐるま》に似た形の戦車を発明しました。車の前の部分に木で覆《おお》いをつくり、小窓から弓矢を発射できる装置をつけ、車の後ろのほうには、先ほどのエジプトのときにもありましたが、三百メートルほども遠くまで飛ばす革製の投石機械を取りつけてありました。これに馬を二頭、大きいものには三頭ぐらいつけて引かせるようにしたのです。

このように、握りこぶしより大きな石を飛ばせる投石機械に加え、弓矢も発射できるという、当時としては画期的な戦車を発明しました。これで五百台ぐらいの戦車部隊をつくり、これを中心としてプロの軍人たちを養成しました。

そして、このクリシュナたちの戦いでは、まず第一陣として戦車部隊が出ていって敵を蹴散《けち》らす。次に第二陣として槍《やり》部隊が出ていく。第三陣として、今度は剣を持った人たちの部隊が出ていく。このような三段構えの戦いの形式をつくりました。

この方法は、彼が無駄な血を流したくないと考えたために、敵をいち早く威嚇《いかく》して退散させるという、現代的に言えば、いわゆる専守防衛——圧倒的な力を見せて、国を侵攻《しんこう》しようとする勢力をいち早く引き下がらせること——がその原点にありました。それゆえに、このような奇抜な戦術を編み出していたわけです。

・近隣諸国の陰謀《いんぼう》

しかしながら、このクリシュナの軍隊もやがて敗れていくことになります。では、どのように敗れていったのでしょうか。

このクリシュナの軍隊は無敵の軍隊でありましたが、兵力数は明らかに少なかったのです。ですから、あの少数兵力でもって戦い続ける軍隊をどうすれば攻略《こうりゃく》できるかと、周りの諸国は考えたのです。

周辺諸国は、単にこの領土が欲しかったというだけではありませんでした。クリシュナの国はあまりにも理想的な国であり、人々が熱狂的に彼を尊敬し、一つにまとまっていました。そして領民たちは喜びに満ちていました。

ただ、このようなあり方が、他の諸国にとっては非常な脅威《きょうい》となったわけです。なぜかと言えば、彼らは重税を課し、領民をこき使っていたのです。お金を徴収したり、人夫代わりにしていろいろな土木工事をさせたり、何かといえばすぐ政治犯に指定して家族をバラバラにしたり、言うことをきかない者は情け容赦なく処刑する、このようにクリシュナの国の周りの国々では恐怖による支配が行われていたのです。

これはいつの時代にもあることです。戦国時代はたいていそうです。恐怖心によって人々を支配するという方法が主流となっていくことが多いのです。

近隣諸国は恐怖心によって人々を支配していましたが、クリシュナは愛によって人々を支配しようとした、これが周りの人たちにとっては大変な脅威《きょうい》だったのです。この考えが蔓延《まんえん》したときに、その支配階級、王家の人々はみな右往左往《うおうさおう》し始めました。

もし反乱が起きたらどうするか。もしあのような国になってほしいと領民が言い始めたらどうするか。それは夜も眠れないほどの不安です。

「さすれば一致団結して、あのクリシュナを討たねばならない」。そこで、どうしてもクリシュナを潰《つぶ》すということで、周りの五、六カ国が連合を組みました。

そして、彼らは実に卑怯《ひきょう》な方策を考えたのです。

まず、一つの国がクリシュナの国に攻撃をかけて、おびき寄せるわけです。そして攻撃をかけては撤退《てったい》し、向こうが帰りかけるとまた攻撃をかける。このようなことを三日かけて繰り返しながら、徐々にクリシュナの軍隊を国の外側のほうにおびき出していったのです。クリシュナの軍隊は数においては少ないために、油断はできず、全力で当たらねばならないわけです。

このときに、軍隊の背後で残りの九割以上の人たちが幸せに暮らしているクリシュナの国に、周辺五カ国の連合軍がなだれ込んできたのです。女性や子供たちがいる家に火をつけ、彼らが逃げまどうなか、徹底的に国を破壊していきました。

そして、急を聞いたクリシュナたちの軍隊が町に戻ろうと引き返したときに、また新たな追っ手が後ろから迫ってきました。何万何十万という圧倒的な兵力を持った軍隊が前から後ろからかかってきて、クリシュナの数千人の軍隊は挟《はさ》み撃《う》ちの格好になりました。

クリシュナたちは防戦一方となって戦うわけですが、ついに彼らもこの戦車のなかで、連合軍の火にかかって焼け死んでいったのです。そのような最期《さいご》を私は知っています。

この物語は、違ったかたちになってはいますが、おそらくインドの民謡として伝承されているでしょう。霊的な目で見た現実は、以上述べてきたとおりであります。ここにおいて、愛による支配というものが現実の政治において敗れたわけです。

③アガシャーの生涯

・科学文明と新興宗教

さて、クリシュナの前はどうだったのでしょうか。

今から一万一千年ほど前のアトランティスの時代に、このイエスの魂はアガシャーという名で生まれました。

アガシャーはアトランティス最後の王です。賢帝《けんてい》と言われる、本当に領民たちのことを考える王でした。多くの人たちはこのアガシャーの教えに帰依し、彼を非常に偉大な王であると尊敬しておりました。

ただ、このときにもまた、大変な敵を彼は持っていました。

この当時も、宗教の団体にはいろいろな団体がありました。古い教えの流れを汲《く》んでいる人たちや、また新興宗教の類《たぐい》も急成長しておりました。

この急成長する新興宗教のグループの特徴として挙げられることは、霊能力、霊現象というものを中軸に据《す》えていたことです。そして彼らは、「霊現象が出せる者、あるいは巨大な霊的能力を持っている者こそが本当に優れた人たちなのだ、超人類なのだ」ということを言い始めました。

アトランティスも末期となっており、人々は倦《う》んでいました。退嬰的《たいえいてき》、退廃的《たいはいてき》な生き方をしていたのです。

彼らはそうとうの科学文明を持っていました。そのことについては、すでに私の他の書籍のなかで、お読みになった方もいるでしょう。当時のアトランティスには潜水艇《せんすいてい》もありましたし飛行船もありました。

潜水艇の類はシャチの形をしており、背びれに当たるところに小さなピラミッドがついていて、太陽エネルギーを吸収して推進するシステムになっていました。ですから、当時の潜水艇は鯨《くじら》のように、時折、水上に浮かんで太陽エネルギーを吸収してはまた潜《もぐ》るという姿を取っていました。

また、空の上には現代の飛行船のようなものが、太陽の光エネルギーを推進力として飛んでいました。太陽エネルギーを使っていたので、飛行船は雨の日には欠航でした。そのように、科学的にはかなり進んでいました。

また政治においても、一種の民主主義、デモクラシーに相当するようなものが採用されていて、かなり進んではいました。まるで現代の日本を思わせるようなアトランティスの末期でありました。

この当時の人たちは、現代に数多く生まれ変わっています。現代のアメリカや日本に数多く生まれ変わっているのは、このアトランティスの末期のころに肉体を持っていた方です。魂としてはそうとう大量に天上界から降りてきています。

人は、個人的に生まれ変わることもありますが、魂集団として、同じような文明のときに同じような集団が大量に生まれ変わってくるという傾向があるのです。現代、非常に人口が増えてきておりますが、それはこのアトランティス末期のころに活躍していた人たちが、大量に生まれ変わりを希望しているからです。そして今、日本やアメリカにたくさん生まれ変わってきているのです。

この魂の集団たちは、かつてアトランティスで失敗したときと同じような環境において、今回は失敗しないで無事に魂修行を終えられるかどうか、これを一つの修行目的として大量に生まれ変わってきているのです。「高度な科学技術や政治経済のある時代に生まれて、本当の信仰とは何なのか、本当の神の道とは何なのかを知らしめる、あるいは学ぶ」という目的のために大量に生まれ変わってきているのです。

みなさんは過去の歴史を振り返ったときに、「なぜそれほど悲惨な時代、貧しい時代、困難な時代があったのか」と思うことも多いでしょう。「神はなぜそんな時代をつくられたのか」といぶかられることもあるでしょう。

しかしながら、魂にとって、貧しいとき、虐げられたときに、神を信ずることは意外に容易なことなのです。それはなぜかと言いますと、人間は自分が恵まれない環境にあるときに大いなるものにすがろうとするからです。すがろうという気持ちがあるのです。自分を驕《おご》る気持ちがありません。うぬぼれる気持ちもありません。環境のなかで、運命のなかで翻弄《ほんろう》されて生きている人間たちは、大いなるものにすがらないと生きていけない、夢や希望を持てない、こういうことがあると思います。

そこで、信仰が芽生えるとき、信仰心豊かな人たちが大量に出るときというのは、たいてい恵まれない時代であり、戦乱の時代です。この時代に人々は信仰を学ぶことが多いのです。

しかし、一度そうした環境を出て、経済的にも物質的にも恵まれ、科学的な恩恵を受けて便利になった時代に生まれると、かつての貧しい時代の厳しい環境において、自分が神を信じていたことを忘れるのです。そして、うぬぼれが始まっていきます。このうぬぼれが退廃を生んでいきます。すべては自分たちにできることであり、まるで自分たちが神そのものであるような気持ちになっていくのです。

現代の私たちは、宇宙船に乗って地球圏外に出ることができますが、当時のアトランティス人はそこまではできませんでした。しかし彼らは、飛行船に乗れるということ、飛行船を飛ばせるということで、もう全世界を支配したと思っていたのです。

「全世界はわれらの掌中《しょうちゅう》にある。われらはもう地上にて、神そのものになったのだ」という感じになっていきましたが、その行き着く先は何でしょうか。それはまず、快楽中心の生き方です。いつの時代もそうです。飽食《ほうしょく》の後に快楽中心の退廃がやってきます。

そして、この時代には現代と同様に、怪しげな宗教が雨後の竹の子のごとく続々と発生してきました。それらは、いわゆるオカルトの世界に人々を引き込んでいくわけですが、そのなかで、彼らの退屈を紛《まぎ》らわそうとしていたのです。

幾《いく》つかの宗教団体がありました。代表的なものを挙げましょう。

一つには、現代でも流行《はや》っておりますが、空中浮揚《ふよう》を中心とする教えがありました。人々に、「宙に浮き上がれれば、あなたがたは救われる。スーパーマンになれるのだ」というような教えを説いているグループがありました。

あるいは、これに類する団体として、スプーン曲げのようなことを行っている物理的超能力グループもそうとうありました。物理的にいろいろな超常現象を起こすということを中心にするグループです。科学が発達して何でもできるようになると、次は珍しいことをしてみたくなるものです。

それ以外に、先祖返りを説く宗教も出てきました。「すべてを放棄して元なるものに返れ」と、現代のヒッピーのように文明生活を否定して、すべてを捨てて集団生活をし始めました。

彼らが信仰していたのはもっと原始的な神でした。そして、「文明的なものはすべて悪である。本来の人間的なことをやるのだ」という考えのもとに、原始人の生活へ逆行していきました。

また、「文明生活をしている者はすべて敵だ。やっつけろ」というような動きがありました。いわゆるゲリラの走りです。政府要人や財界人といった人のところに投石をしたり、火炎瓶《かえんびん》ではありませんが、火をつけたりということをする者もおりました。これも一つのイデオロギーとして、人が集まっておりました。

他にも、病気治しの宗教もかなり多かったと言えましょう。アトランティスも末期となり、現代と同じように文明病がそうとうありましたので、病気治しによって人を集めているところもありました。

このように百花繚乱《ひゃっかりょうらん》のありさまでしたが、アガシャー大王は、「やはり中心の教えというものは、いつも心の教えであり、愛の教えであるのだ。人々よ、愛に目覚めよ、心に目覚めよ」ということを教えておりました。

・光の天使への迫害

しかし、現象的なものや外見的なものを中心とする人々には、それだけでは物足りませんでした。しかも、そのアガシャーの言動につられて、自分たちの勢力が圧迫され、追いやられているということに非常な憤《いきどお》りを感じました。

そして、その勢力は政府の要人たちのなかに入っていきました。「あのアガシャーには魔が入っているのだ。あれはサタンに違いない。こんな素晴らしいことをやっている私たちのことを批判するとは、国王の風上にも置けない。何とかしてアガシャーを抹殺《まっさつ》しなければならない」という、狂信的グループが台頭してきました。

そして彼らは、政治の世界においても経済の世界においても、それ以外の世界においても非常な力を持ってきて、このアガシャーのグループの追い落としにかかっていきます。そうして一種のクーデターが起き始めます。クーデターの結果はご想像のとおりで、いつの時代でも同じです。アガシャーをはじめとする多くの者たちは命を断たれました。

アトランティスは、現在のスペインの沖、アメリカのフロリダの沖、エクアドルという三角形のなかに位置する大きな島のような大陸でした。この大陸の首都には「アガシャーの広場」というのがあり、たいへん多くの人たちを集めて、アガシャーが説法をしておりました。

クーデターの首謀者《しゅぼうしゃ》たちは、この聖なる「アガシャーの広場」を掘り返し、正法を政治の中核に据《す》えているアガシャー・グループの者たちを、次々と殺して埋めていくという恐ろしいことをしました。そしてアガシャーもやはり囚《とら》われの身となり、やがて殺害されていきました。

このとき、アガシャーの息子であるアモン二世は、飛行船に乗ってエジプトに逃《のが》れました。この方がアモン・ラー伝説の原型になった方で、エジプト文明の走りとなりました。

このように一部の人たちは、空路あるいは海路エジプトに逃れていきましたが、ただ、残念ながらアトランティスは、このアガシャー・グループの処刑に始まった不穏な動きと同時に、天変地異に襲われることになりました。

その彼らの「想念の曇り」によって地球意識に巨大な反作用が起こり、繁栄を誇《ほこ》ったこの大陸が一夜にして没するという、信じられないような現象が起きました。彼らのうちの大部分は、本当に逃れる術《すべ》もなく海中に没していきました。

これは、決して神が沈めようとして沈めたのではありません。光の大指導霊が出たときに、大量の光の天使たちを迫害し、そして殺害したというその想念の曇りが、アトランティス末期の曇った世界にさらなる曇りを投げかけ、そして神の光が射さなくなり、その反作用によって大陸の陥没《かんぼつ》ということが起きたのです。

これはいつの時代にもあったことです。現代にも起きていく可能性のあることです。地上に住んでいる人たちの想念の曇りが巨大になったときに、その地表の部分に必ず変化が起きるのです。

それは、地球という私たちの住んでいるこの大地も、単なる物ではなく、地球意識という一つの巨大な意識の肉体だからです。意識をまとい、その意識が支配している巨大なボディなのです。地球そのものが体なのです。地球意識そのものが偉大な神霊の意識なのです。したがって、この神霊の意識と波長の合わない部分ができたとき、すなわち、その表面に病理現象が出てきたときに、自浄作用が必ず起きてくるのです。

みなさんでも、手や足にいろいろと腫《は》れものなどができたときに、これを取り除こうとするでしょう。自動的にそうなるはずです。同じように地球にも自浄作用があります。それが、長い目で見ると天変地異になっていくことが多いのです。

現代もまた、そのような時代が来ています。私たちも今、アトランティス末期のころと似たような時代に生きているのです。

この時代において、また同じ愚《ぐ》を繰り返すのか、それとも、心をもう一度入れ替えて、彼らの過去の失敗に学んで何らかの新たな道を拓《ひら》くのか、その選択を今、私たちに求められているのです。

3　光の行軍を開始せよ

以上、イエスの魂《たましい》の過去世について述べてきました。

アトランティスの時代のアガシャー、インドの時代のクリシュナ、エジプトのクラリオ、そしてナザレのイエスご自身――こうした彼の生き方を見たときに、彼自身は自らの命を惜《お》しいと思っている様子はどこにもありません。

ただ悲しむべきは、これだけの偉大な方が出ておりながら、むざむざと死なせていったという人々です。この人々の心にいったい何が残ったかを考えねばなりません。

キリスト教においては罪の意識というものがあります。人類の罪ということがよく言われます。これは、単にイスラエルの時代のユダヤ人だけに言われていることではないのです。

この教えが出てきた背景には、その過去の転生《てんしょう》において、クラリオの時代もそう、クリシュナの時代もそう、アガシャーの時代もそう、いつの時代も人々への愛のために生きた人が出て、大いなる愛の行動をしていたにもかかわらず、それを理解することができず、それどころか、そうした愛の使者、光の使者たちを大量に殺戮《さつりく》するという、人間として最大に恥ずべき挙に出た人々がいたのです。この人類の大きな業《ごう》想念、カルマというものが、その教えの背後に横たわっているということを、私たちは見破らねばなりません。

それは、一つの象徴です。イエスという方は、いつもそのような象徴を通して、人々に教えようとしているのです。

私たちは今、二十世紀の末にあって、この新たな時代において再びさまざまな災害や天変地異が、地球規模で起こることが予想されています。そして、この時代にもかつての時代と同じく、愛の使者、光の使者が数多く出ております。こうした人たちを、また簡単に抹殺《まっさつ》していくというのでしょうか。

抹殺とは、現代においては必ずしも命を奪うということではないでしょう。これは言論における抹殺であったり、文化における抹殺であったり、政治的な抑圧《よくあつ》でありましょう。

今という時代をアトランティスの時代と引き比べてみるとするならば、いちばんの問題は、この宗教的真理を語るときに、地上にはこれを支持するいかなるものもないということです。そうではありませんか。

しかしながら、これを制限する勢力はいくらでもあります。法律もあります。いろいろなものが、こうしたものを抑圧しようとしています。

そして、真理に強く生きんとすればするほど、白い目で見ようとする人々の動きがあります。それを気違いじみたものとしたり、狂気じみたものとしたり、笑いものとするような人たちが数多くいます。

宗教的なるものを悪なるものとし、せせら笑い、一笑に付し、そして正しき心を持って真理に生きんとする人たちの出世を妨《さまた》げてみたり、左遷《させん》したり、辞めさせたり、自己実現を妨害したりといった圧力が、企業、政府、さまざまなところであるはずです。これが現代の迫害です。

今、真理の団体である私たちは、これらを乗り切っていくのか、彼ら自身が自覚していないところの悪を、これ以上続けさせるのかどうか、この結論を出していかねばならない時期が来ていると思うのです。

このような過去の人類の歴史に学んだのであるならば、願わくば、みなさんがたのなかに力強い人が数多く出てほしいのです。

現代においても、同じ愚挙、暴挙を繰り返させるのならば、人類はいったい何の魂修行をしているのでしょうか。営々と生まれ変わり、同じような時代に生き、そして同じような失敗をするだけであるならば、どこに人類の発展があるのでしょうか。

今こそ、この日本をはじめとした世界の先進国における、真理を阻害《そがい》する思いや考え方、行動に対して毅然《きぜん》たる態度を取り、「真理は真理であって、真理のもとにおいて、すべてのものは一つにまとまるのである。真理のもとにすべてのものは発生したのである。この一つの光のもとに、すべては結集せねばならないのである。すべての秩序、すべての価値は、この一《いっ》なるものから流れ出て、一なるもののために奉仕せねばならないのである」、このような考え方を、明瞭《めいりょう》に、明確に打ち立てねばなりません。

人々よ、これより後、妥協はないと思いなさい。これより後、真理は光の行軍を開始していきます。わが振る手の前に、わが振る手のもとに集《つど》い来たり、そして迷わず進んでいただきたいと思います。それが今世、みなさんがたが生を享《う》けた意味であろうと思うのです。

どうか私のもとに集い、行動してください。私を信じてください。疑わず、ただまっすぐに前進してください。この手のもとに、この白き手のもとに集まり、行動を開始してください。

私たちは、断じて妥協はできないのであります。真実のものを真実のものとして、光を光として、正しきものを正しきものとして掲げていくつもりであります。

第2章

心の開拓

一九八八年五月研修

一九八八年五月一日　群馬県・草津ナウリゾートホテルにて

1　悟りへの出発

幸福の科学の求めている幸福というのは、「悟り」と「悟りに付随《ふずい》するもの」です。その悟りとは、この世とあの世を貫《つらぬ》くものであり、またそれに伴う幸福も、この世とあの世を貫くものです。

では、その悟りとはいったい何なのでしょうか。本章において徹底的に考えていただきたいと思います。この問いには答えがないのです。

『道元禅師《どうげんぜんじ》霊示集』（現在は『大川隆法霊言全集』第21巻・第22巻〔宗教法人幸福の科学刊〕として刊行）のなかに、「悟りとは何か」と聞かれることは、あのような宗教家にとっても、たとえ高級霊であっても面接試験に等しいと述べています。

まさしくそのとおりです。この問いには、無数の解答がありますし、そのレベルにも無数の階梯《かいてい》があるのです。

しかし、私たちは、確実に、悟りの階梯というものを、確かな歩みとして生きているのです。それをみなさんが好むと好まざるとにかかわらず、私たちの地上における生命の学習の使命というものは、すでにはるかなる高次元の生命体において決められているのです。

私たちは、「人間は偶然《ぐうぜん》にこの地上に生まれてくる」とか、あるいは「偶然に投げ出された存在である」とか、「盲目的《もうもくてき》意志のもとに生きている」とか、このような考えを近現代のさまざまな哲学などで学んだかもしれません。

しかし、真実は、決してそのようなものではないということです。この世におけるわれわれの人生というものも、単なる偶然で在《あ》るのではないということです。

偶然によって生まれ、育ち、生き、年老い、死んでいくということはないのです。「われわれは、永遠の学校のなかを生きている学生、生徒である」という真実があるのです。

私は時折、数カ月から一、二年以内に地上に生まれてくることになっている魂《たましい》たちと話をすることがあります。

彼らと話していると、地上に生まれるということが、いったいいかなる意味を持っているのかということを痛切に感じるのです。

それは非常に恵まれた条件下にあるということなのです。それは稀《まれ》なることであり、非常に幸せなことでもあるということなのです。

平均的な人間というものは、地上を去って、三百年ないし四百年ぐらいは霊界において生活をしているわけですが、霊界での魂修行と比べてみると、この地上というものは、はるかに激しい波動のなかにあり、厳しい修行のなかにあります。

すなわち、あの世での修行とこの世での修行というものを比べてみると、この世の修行というのは、魂の進化にとって、あるいは魂という名の筋力を鍛《きた》えるという意味において、五倍十倍の意味を持っているのです。この世において、私たちが一年という時間のなかで学び得るものは、天上界《てんじょうかい》における十年にも匹敵するということが言われているのです。

では、なぜそのようなことが言われるのでしょうか。

たとえば、自然に恵まれた環境に住んでいるということと、忙しい都会のなかでの生活や職場での仕事というものを比べてみると、やはり何かが違うはずだと考えられます。同じように、天上界といっても、けっこう変化に乏《とぼ》しい生活がありますし、また集まっている人たちは非常に似通った考え方を持った魂たちであるがために、お互いの切磋琢磨《せっさたくま》、勉強という意味では、やや足りない面もあるということです。

四次元以降の世界においては、私たちは心の波長に応じた世界に住んでいるわけです。ところが、この地上界においては、さまざまな魂が一堂に会します。さまざまな使命を持って生まれている方々が、まだ自らの使命に気づいておらず、自らの霊格にも気づかずに生活しているのです。

そのようななかに放り込まれるということは、非常に厳しいことでもありますが、逆に非常に幸福なことでもあるのです。

例えば、四次元や五次元に住んでいる方々というのは、やはり自分の世界のなかで完結して生きているのであって、その世界を超えたところにおられる大指導霊とはめったに話すこともありません。しかし、この地上においては、そうした方々もいろいろな姿を借りて生活しているのです。

同時代に生きている人間にとっては、そのような方がいったい誰であるのかということが分からないでいますが、実際に私たちの同時代には、地上を去った世界においては決して会うこともできないような、数多くの優れた方々が生きているのです。

ですから、「現在私たちは、そのような方々と接しようとすれば接することが可能な環境にある」ということに対する感謝の念を持たねばならないのではないでしょうか。

以上の話から分かりますように、地上に生まれてくる前の生命たちと話をしてみると、非常な期待と緊張に満ちています。

期待感というのは、「この機会に自分の魂を大いに鍛え直してみよう」というような意味での期待でありますが、緊張感というのは、「今まで自分がつくりあげてきたものをもう一度ゼロに戻される」という意味での緊張なのです。

これから胎内《たいない》に宿る霊たち、そのなかには高級霊たちも数多くいますが、彼らと話してみると非常に緊張しています。なぜならば、今それだけの悟りを持った霊として存在している方が、胎児《たいじ》として宿り、ゼロからスタートするということになるからです。これはやはり非常に厳しい条件にあると言わざるをえないのです。

もともと大人の意識を持っているものが胎児となり、自分自身のことすら分からない環境に投げ出されていくのです。これは非常に厳しいスタートであろうかと思います。

そのようなスタートのなかに置かれるということで、高級霊であればあるほど緊張しています。「はたして元いた世界に還《かえ》ってこられるだろうか」、彼らもそのようなことを考えています。

また、面白いことには、あの世でも送別会を開いたりして、「運がよかったら還ってこい」と激励《げきれい》したりしています。

私たちはこのようにして地上に出てくるわけですが、それは非常に稀なケースなのです。

みなさんがたはこの現実を知ったときに、この貴重な一瞬、貴重な一日を決して失ってはならないということを知るべきです。これは、道元禅師の悟りの核にも当たるところであろうと思います。すなわち、この「時間」というものをどのように見るかということが、結局、その人の悟りに何らかのかかわりがあると思うのです。

自分に与えられた時間というものを限られたものとし、そして現在の自分というものが、死後の世界、自分が地上を去るときの世界、去った後の世界という観点に立って見える人、また、現在から先の時間、将来というものが見えるような人は、そのような観点を持ちえるだけでもって、すでに非凡です。非凡な視点を有していると言えるのではないかと思います。

まず悟りへの出発に当たって、自分自身の立場というものをもう一度取り去り、まったく違った観点から自分自身のあり方というものを考えてみていただきたいのです。

2　光の天使の輩出

①悟りを求める原点

みなさんも今、心のなかで、自分があと何十年かの人生を生きて地上を去る瞬間が来たと想像してみてください。あるいは、すでに地上を去って天上界《てんじょうかい》に還《かえ》ってきたところでもよいでしょう。そのときに、もし現在の自分を見返すことができたならば、はたしてどのように生きるでしょうか。

また、何十年か前、自分が生まれてくる前に、どのような気持ちで出誕《しゅったん》してきたかということを一度よく考えてみていただきたいと思います。つまり、誕生前の立場に立った現在の自分のあり方というものを考えてみていただきたいと思うのです。

現在の自分自身が、悩みの渦中《かちゅう》にあって流されていくということを、はたしてみなさんがた一人ひとりが希望し、期待もし、予測をしていたのでしょうか。あるいは、そのような現状にあるということは何かの間違い、考え違いではないのか、環境のなかで自分が流されてしまったことの結果ではないか、それを知っていただきたいと思います。

今、この本を手にしている方のなかにも、「光の天使」と言われる方も数多くいるのですが、自分は知らないでいるのです。光の天使の方であっても、本当の自分というものを認識するまでは、魂《たましい》の光というのは出てこないのです。

これはどうしても、三次元という世界における物質的なる皮を一枚剥《む》かないでは、本当の魂の光が出てこないのです。幸福の科学も、そのようなみなさんがたのイモの皮を剥くために活動しているわけです。

このように、本来光っている人を、もとの光、あるいはそれ以上の光にするということも私たちの使命の一つです。

さらに、それ以上の使命とはいったい何かと付け加えるならば、『新・モーゼ霊訓集』（現在は『大川隆法霊言全集』第24巻・第25巻〔宗教法人幸福の科学刊〕として刊行）のなかにもあったように、今世を縁として光の天使を生み出すということ、これが最大の仕事であるわけです。

霊人たちは、天上界においてそれぞれの邑《むら》に住み分けているわけですが、そこで光の天使が誕生するということはなかなか難しいのです。これは非常に稀《まれ》なケースであって、たいていの場合、自分が住んでいる世界から上位に上がっていくことは困難です。

光の天使が誕生する瞬間というのは、必ずと言ってよいほど、この三次元地上界を縁としているのです。たいていの場合、この地上を縁として、さらに進んでいくのです。

さすれば、私たちが今問題としなければならないことは、単に過去世において、自らが光の天使として名を遺《のこ》した者であるかどうかという自己認識だけでは済まされないということです。そのようなことを取り去ったとしても、新たに今世において光の天使となることが可能であるということです。

このようなことを考え、また現実に光の天使を輩出させていくということが、私自身の今回の使命のなかで、いちばん大きな使命であるのです。

これが、実は悟りを求めるということの原点にあるのです。すなわち、この地上において悟りを求めるということは、光の戦士になるための修行をすることです。それは神の目から見るならば、地上において光の戦士をつくり出すということなのです。

私は、五人、十人とは言いません。できるならば、みなさんがた全員に光の天使か、光の天使の予備軍になっていただきたいと考えているのです。

今世限りで光の天使になるということは難しいことかもしれませんが、少なくとも光の予備軍になるということは全員可能です。そして、これが阿羅漢《あらかん》の状態であるということを述べたこともあります。こうした方々が、やがて光の天使となっていくのです。

②「啐啄同時《そったくどうじ》」のたとえ

では、光の天使となってどうするのでしょうか。それがいったい何になるというのでしょうか。このことを次に考えなければならないのですが、それは、私たちは何の目的で魂としてあるのかということに関係するのです。

これについての観点には二つあります。

一つは、「神とはそもそも幸福そのものである」という観点です。「神とはそもそも幸福の源泉であり、幸福そのものでもあり、また幸福の基《もとい》でもある」という観点があるのです。

神の定義には、「神とは幸福そのものであり、幸福を生み出す親である」という観点があります。そして、私たちはそこから分かれてきた子であり、孫であるわけです。私たちは幸福という名の神から生まれてきているのです。

神のお心のなかには大いなる愛があります。その愛がもたらすものこそ、実は幸福にほかならないのです。愛は幸福の卵です。私たちは、そのような愛の世界、幸福の世界に生きているのであり、私たちの親である神も幸福の源泉であり、幸福の材料でもあるということです。

さすれば、私たちの行動目標の一つは、幸福の多角化、多様化、その繁栄発展ということです。幸福というものを小さな殻《から》のなかに閉じ込めておくのではなく、大いなる世界に解き放つということ、これが大事なのです。

禅の言葉に「啐啄同時《そったくどうじ》」という言葉があります。これは雛《ひな》が孵《かえ》るときの姿を称しています。雛は卵の殻のなかで、外に出ようとして内側から殻をつついていま す。また親鳥は外からくちばしでつついています。外と内から同時にくちばしでつついて、やがて殻が割れて雛が出てきます。

これは私たちの世界においてもまさしくそのとおりです。神はこうした環境をつくられて、何とかして卵のなかにいる雛を早く出してやりたいと願っておられるのです。そしてさまざまなかたちで、私たちを外からくちばしでつついて殻を割ろうとしています。一方、殻のなかにいる私たちは、やはり外に出たいという意欲でもって、なかから殻を割ろうとしているのです。これがあるときにパカッと割れて、日の目を見るようになっていくのです。この瞬間が新たな誕生の瞬間であり、幸福というものをまず実感する瞬間なのです。

みなさんは、自分一人が暗い世界のなかにおいて、この殻を割ろうとしていると考えるかもしれません。しかし、外には大いなる神がいらっしゃり、またその殻を割ってくださろうとしているのです。この外からのくちばしと内なるくちばしの両方が殻を割ろうとしているのです。

それは、親の愛であり、子が親を求める愛なのです。子の、親を愛する「愛」と、親の、子を愛する「愛」とが、この殻を割るという行為において一致するのです。そのなかには、共に幸福というものをつくり出し、広げていこうとする考え方があるのです。

私たちは、そのような観点を忘れるわけにはいかないのです。

③神の芸術的精神

さらにもう一つ、光の天使をつくり出さなければならない理由があります。それは何かと言うと、「神は偉大なる芸術家である」という観点です。

この神が創《つく》られた世界、地上の世界、霊的世界、大宇宙といったものを眺めるに当たって、私はどうしてもこの観点を見落とすことができないのです。

芸術の天才ということにおいて、これほど巨大な天才がはたしてあるでしょうか。創られた芸術そのものがまったくの完成されたものではなく、常に変化し、変転しながら向上の道を歩んでいくような環境というものを考えられ、創り出しておられる、その神のお心というものを見たときに、そこに大いなる芸術の精神、芸術家の精神があるということを知らねばならないと思うのです。

この芸術の精神はどのように表れてくるでしょうか。それは、地上のなかにさまざまなかたちで出てきた文化や文明として表れることもあります。また、あるときには善悪の二元論のようなかたちで、その姿が見えるときもあります。

その善悪の二元論において、悪と戦う善という姿、善悪の戦いという勧善懲悪《かんぜんちょうあく》の物語を見るとき、その奥にあるものは何かという観点から見たときに、偉大なる芸術の精神が眠っていると私には感じられるのです。

それは芸術というかたちを通して、人々にさらに高度な教育を与えようとする姿があると思われるのです。

単に道徳律に照らしたような考え方でもって、あるいは、これしかないというかたちでもって完全なる教えを与え、完全なる行動規範を与え、それから逃《のが》れられないような人間というものを創るということではなく、一見、自由自在に動けるかに見えて、さまざまなドラマのなかで翻弄《ほんろう》されている人間の姿を見たときに、そこに大いなる芸術の精神があり、芸術家の目でもって、芸術家の手でもって私たちを教育しようとしている意図を読み取ることができるのです。

こうしたときに私たちは、大芸術家が芸術というものを鑑賞するような目でもって神が創り出されている、神の自己展開の世界、創り出された世界の実相というものを、もう一度、違った観点でもって見なければならないということです。

私たちが日ごろ観《み》るようなテレビドラマや映画にしても、もちろん単なるハッピーエンドの素晴らしい物語というものも面白いのですが、そのなかに山あり谷ありのさまざまなドラマが展開されて、どのように筋書きが進んでいくのかまったく予想がつかず、急転直下にさまざまなことが起き、アッというようなドラマにもっていくものもあります。このような映画がさまざまな賞を受賞したり、多くの方の心を揺さぶったりすることがあります。

神はまた、大いなる芸術家の手腕、そして大いなる知能でもって、私たちが見抜けないようなドラマも演出しておられるのです。そして、私たちが演じることを許しておられ、許しておられるように見せて、実は演じさせているのです。このように巧妙な見えない手、神の見えざる演出があるということを、私は知るのです。

3　運命と自力《じりき》

①人生の主人公として

そうしてみますと、この神の演出、ドラマのなかで、悟りという姿ははたしてどのように見えるのでしょうか。これを考えていただきたいのです。

これは一種のビルドゥングズ・ロマンです。サマセット・モームなどがいろいろな小説のなかにも書いておりますが、いわゆる教養小説であるとか、また立志伝のようなものがあるでしょう。

たとえば、スタンダールの『赤と黒』に出てくる青年のように、自分というものを磨きながら、やがてさまざまな経験を経て、いろいろなことを知り、また自分が得たものでもって、そのつかんだものを大いなる世界のなかに投げ入れていこうとする人々の姿が、さまざまな文学のなかに出てきます。

「神が私たちに期待しているのは、そのように自分をつくり上げていく人、また、つくり上げていくことによって、自らドラマの主役となっていくような人をつくり出そうとしているのではないか」という観点が見いだされるわけです。

それは、やはり人生の主人公としての自らのストーリー、ドラマをつくっていってほしい、またできうるならば、人間一個の人生のドラマのみならず、それを社会、国、世界の単位のなかでのドラマに仕立て上げていってほしい、そのような期待を読み取ることができるのです。

神は私たちに、さまざまなかたちで展開されている地上の映画社会、ドラマ社会のなかにおいて「主人公になれ」と言っているのです。自らが大いなる芸術家として、また演劇の総責任者として演じさせているドラマに登場する人々に、

「あなたがたも主演をしなさい」と言っているのです。

主演をするということは、「この地上にオギャーと生まれ、ゼロからスタートして育ったあなたがたが、何かをつかみ取り、そのつかみ取ったものでもって人生の道を切り拓《ひら》き、その姿でもって人々を教化せよ」と教えているのだと、私はこのように感じ取ることができるわけです。

そうしてみますと、まことにありがたいことです。通常のドラマであるならば、配役は最初から決まっているかもしれませんが、私たちが演じているドラマにおいては、配役は決まっているかに見えて、実際は入れ替わることがあるドラマなのです。

なかには自分を脇役に押しやって、そのまま一生を終わる方もいます。自分は脇役だと思って徹しておられる方もいます。けれども、その方が一度、例えば『道元禅師《どうげんぜんじ》霊示集』のなかで語られているような何らかの悟りに触れたとき、悟りの縁に触れたときに、あるいは無門和尚《むもんおしょう》の言うような「機」というものに触れたときに、その人生が百八十度の転回を見せて、脇役から主役へと替わっていくということが現実にあるのです。私たちが演じているドラマには、その可能性が許されているのです。

それは、神の書いておられるシナリオが一種類だけではないということを私は知っているから、このように言っているのです。

そのシナリオは、単純な一つのシナリオだけではありません。必ず何種類かのシナリオがあるのです。みなさん一人ひとりといった個人を登場人物としたシナリオもありますし、またみなさんを全体の団体のなか、集合のなか、社会のなか、国単位のなかでの配役として見立てた場合のシナリオもあります。

そのように、本当はシナリオは一通りではないのです。何種類ものシナリオがあり、実は無限に近い組み合わせが用意されているのです。結論として持っていくことは一通りであっても、そこに至る過程というのは無限の組み合わせを用意されているのです。私は、そうしたシナリオを何枚も何十枚も見てきたのです。

みなさんは自分に渡されたシナリオの一枚目だけを見て、「ああ、これが自分の人生だ」と思っていますが、紙をめくれば次のシナリオが出てくるのです。さらにめくれば次が出てくるのです。さらに悟れば、さらに出てくるものなのです。このように一枚限りのものではなく、いくらでもあるものなのです。

このように、劇の台本のように何十ページ、何百ページもあるようなシナリオが、実はみなさんの人生計画なのです。これを知っていただきたいのです。

そのシナリオの一枚目に書いてあることと、二枚目、三枚目に書いてあることとは違っているのです。それはドラマの立て方のようなもので、第二幕、第三幕、第四幕とあるうちに、どこかで配役が替わったり、筋書きが急展開することがあるのです。そのように用意されているのです。

この台本というのが、実は何種類もあるということを知ること、これもまた悟りの一つのきっかけであるということなのです。

②シナリオの選択

みなさんは、よく運命論というものを耳にするでしょう。運命は決まっている、あるいは高級霊によれば、このようになることは決まっている、そのように予言されることがありますし、その予言がそのまま的中することもよくあります。しかし、そのとおりにならないこともあります。なぜならないのでしょうか。それは、その人のシナリオが何通りかあるからです。また、変更可能な場所があるのです。これは現実にあるのです。

たいていの方の場合、このシナリオの一ページ目に書いている自分の姿を見て、そのとおりに生きていくことが多いということです。ところが、これは変わることがあるのです。このことを認めなければ、そもそも悟りというものは成り立たないのです。これをみなさんに知っていただきたいのです。

『ノストラダムスの新予言』（現在は絶版）という本のなかで、ノストラダムスは「運命は変えられない」という観点から語っています。しかし、「運命は変えられる」というのが私の結論です。なぜならばそれは、ノストラダムスを超えた世界において厳としてある事実だからです。

運命は変えられないというのは、この一枚目のシナリオが変えられないということなのです。あるいは三枚目に書いてあるシナリオの筋書きが変えられないということなのです。

ところが、シナリオは複数あります。どのシナリオを演じるか、実はここにおいて選択があるのです。ただ、そこに載《の》っている筋書きは変えられないと言っているのです。しかし、これを違うシナリオに替えることができるということです。

これを知らなければなりません。

たいていの人はそこまで見抜けないのです。これを見抜くということが、すなわち自力《じりき》の修行のなかにある一つの核であり、きっかけなのです。このきっかけ、この最初の一枚を打ち破らなければ、絶対にこの世界に入っていけません。そうして台本どおりやるのだと思って、そのとおりに進んでいくことになるのです。しかし、次なるものを知ったときに、これを乗り越えることができる、私はそのように言えると思います。

これはまた、自力の問題と地上における自由の問題となってきますが、例えば人霊として最高度に発達した九次元霊たちが「こうなるべきである」と言っていることですら変えていくことができると、私は実感しています。

ただ、この点において大切なことは、地上にある私たちは、肉を持った身であるという意味において、謙虚に日々を生きていかねばならないという出発点だけは忘れてはならないと思っています。

しかしながら、神近いと言われる高級霊たちの言葉であっても、それを変えていくことはできる、これが実は自力論の出発点なのです。

たいていの場合、彼らの言うことはそのとおりにしていくのが成功への道でありますし、そのとおりのルートを行くのが普通です。

光の指導霊たちの言葉というものは、例えば、山小屋の番人に、「あの山の頂上に登るにはどうしたらいいのですか」と聞いたときに、返ってくる答えとほとんど一緒です。

彼らは「この道から行くのがいちばんいいですよ」という答えをします。しかしながら、それ以外の道から登れないかといえば、登れるわけです。例えばケーブルカーに乗るという方法もありますが、それに乗らなければ頂上へ行けないかというと、そんなことはないのです。他の道からも登れるのです。

ただ、他の道から登っていくためには、それだけの決意が要《い》るということです。それだけの覚悟が要るということです。それだけの気力が要るということです。それだけの断行が要るということです。それだけの勇気が要るということです。それがあるかということを聞かれているのです。

「勇気がないならば運命に従え。しかし、勇気があるならば運命を切り拓け」と、このように言われているわけです。これは、どのシナリオを選ぶのかと言われているのと同じことなのです。

すなわち、自力というもののなかに流れる、あの気力とはいったい何かと言いますと、運命を切り拓いていくということの気概の部分なのです。これがあるかないかを試されているのです。「ない者は流れに流されていけ、ない者はケーブルカーに乗れ、ない者はいちばん平坦《へいたん》な道を歩め」ということを言っているのです。

「ある者は荷物を背負ってでも、どんな道であってもよじ登っていけ」ということです。

途中に崖《がけ》があるのを見ると、普通の人は「あの崖は登れない」という結論になります。しかし、やはり登る人は出てくるのです。「登れる。登ってみよう」という人には登れるのです。さあ、これはどちらが正しかったかということです。

このようなところがあるということです。

③他力《たりき》の意味

では、このような世界のなかに生きているときに、他力《たりき》とはいったい何でしょうか。他力とは無駄なものなのでしょうか。不要なものなのでしょうか。このような観点が出てきます。

私は、実は悟りをさらに深めるための材料として、大いなる他力というものはあると感じています。この大いなる他力を感得し、看取し、感じ取ったことのない人間にとっては、本当の意味で悟りえたとは言えないであろうと思います。

みなさんが、いくら霊言集、霊示集を読んで、頭のなかで霊の世界、高級霊の世界は確かにあると思ったとしても、そのような他力、高級霊たちの力というものを実感として感じたことのない人には、百パーセントの悟りということはないのです。

他力というものを、実感として感じ取ったことのある人とない人とでは、ほんのわずかな違いのようでありながら、徹底的な違いがあるのです。それはちょうど、まだ水のなかで泳ぐことを覚えていない人と、泳ぐことを覚えた人との違いにも似ていましょうか。

すでに泳ぐことを学んだ人、覚えた人というのは、プールのなかででも、川のなかでも、海のなかでも、溺《おぼ》れる可能性はあるでしょうが、少なくとも泳ぐことは可能であるということ、あるいは泳ぎ切ることができるかもしれないということとを知っています。

しかしながら、畳《たたみ》の上で水泳の訓練をしただけの人は、やはり泳げないのです。もしかしたら泳げるかもしれませんが、どうしても根本的な自信が出てこないという点があります。

それは自転車の運転でも同じことでしょう。自転車というものは、一度乗ってしまえば誰でも簡単に運転できるものなのですが、最初はどうしても「あのような二輪車でもって、自分の身体《からだ》を支えられるはずがない」と感じるものであるということは、『幸福の科学の十大原理（上巻）』（幸福の科学出版刊）のなかの「発展の原理」の章でも述べたとおりです。

しかし、一度、二輪車でもって身体のバランスを取ることが可能であるという体験をした者にとっては、十年後に自転車に乗っても、乗れないということはないのです。二十年後では乗れないかと言えば、そんなことはありません。やはり乗れるのです。これが実は「一線を越えた」ということです。

こうしてみると、自力と他力というものはまったく切り離した別のものとしてあるのではなく、前述の「啐啄同時《そったくどうじ》」で説明したような、「雛《ひな》が内側からつつき、親が外からつつく」という両方でもって雛が孵《かえ》ることと、よく似たところがあるということです。

雛だけの力でもっては、なかなか殻《から》は割れないのです。しかしながら、雛の力がなければ、殻から出ようとする意志がなければ、親鳥もまた親身になってそれだけの行為《こうい》ができないこともあるということです。

では、鶏の卵からヒヨコが孵るときに、なぜ両方の力を必要とするのでしょうか。私はそこに計らいがあるということを感じるのです。

みなさんは、「親鳥は完成されたくちばしを持っているのだから、親鳥がつついて卵を割ればいいではないか」と思うかもしれません。

しかし、考えてもみてください。親鳥は、卵のなかの雛がいったいどのような姿をして入っているのかが分かりません。もし一方的に殻を割るだけであるならば、雛の目をつついてしまうかもしれないし、体のどこかを傷つけてしまう恐れがあります。

ところが雛は殻のなかから、「ここから出たい」と合図を送っているわけです。雛が一生懸命つついているところを親鳥も割っていくのです。こうして内なる願いと外なる願いが合致して、やがて大いなる幸福の瞬間が訪《おとず》れるわけです。

私は自力と他力ということを考えたときに、どうしてもこうした比喩《ひゆ》を使わざるをえないのですが、やはり親鳥の力というものは無視しがたいものがあります。親鳥の力によって殻が割れたときに、雛は外に出て初めて、そこにいるのが自分の親であることを知るということがあるわけです。自分を世に出すために努力していてくれた存在、これを親であると認めるわけです。

もしそこに別のものがあるならば、雛はこれを親と思うかもしれません。私たちが手でもって殻を割ってやれば、私たちを親だと思うかもしれません。しかしながら、鶏の親がそれを割るからこそ、雛はこれが親だと思うのでしょう。親鳥は自分の姿とは違ったものです。しかし、雛はそれを親だと感じるのではないでしょうか。

結局、他力の教えんとしているものは、「私たちの魂の親がいったい何であるか」を教えようとしているということなのです。「私たちはいったいどこから来て、元々どのような魂であったのか」ということを教えようとしているのです。

このような他力による霊的体験というものは、みなさんも幸福の科学で真理を学んでいくうちに、おそらく何らかのかたちで体験していくようになるでしょう。真理の書を学んだり講演を聴いているうちに、自分の心の殻がだんだん割れていくのです。それによって、このような神秘体験をしやすくなってくるだろうと思います。

おそらく何らかのかたちでみなさんも感じられるでしょうし、幹部研修などにおいては霊道《れいどう》現象などもやっておりますが（説法当時）、幹部たちもそのような過去世の転生《てんしょう》の姿、異言《いげん》の姿といったものを実感することによって、本当にそのような世界が百パーセントあるのだということを実感していくわけです。これは最後の一線ですが、その前には、やはり内から自分がつついていくという努力が必要ではないでしょうか。私はそのように思います。

4　心の開拓

さて一般的な話をしてきましたが、では本章の題でもある「心の開拓」ということに対して、いかなる姿勢が必要でしょうか。私はこの点に関して三点に要約して考えていきたいと思います。それは、今後みなさんも心掛《こころが》けるべき点であろうと思います。

まず第一は、前述の雛《ひな》の例ではありませんが、自らの周りを覆《おお》っている殻《から》とはいったい何であるかを見抜いてほしいと思うのです。

みなさんは、必ず卵の殻のなかに入っているのです。もし卵から出ていれば、みなさんはもう自由自在に飛び回っているはずです。その悟りの世界のなかを行き来しているはずです。そうでないというならば、まだみなさんは、実は卵の殻のなかに入っているということです。

自分を取り囲んでいるこの暗闇《くらやみ》の殻はいったい何であるのか、何が自分の悟りを妨《さまた》げているのか、悟りの世界に突き進むこと、自由の天地に進むことをいったい何が妨げているのか、この自分の殻を発見してほしいのです。

これはみなさん自身が知るしかないのです。他の方には分からないのです。自分自身しか分かりません。ですから、自分自身の心の内を見つめてほしいのです。そして何が自分の殻になっているか、卵の殻になっているかを知ってほしいと思います。これが第一です。

第二は、この卵の殻というものを知ったならば、それを内から破ろうとする努力をしてください。

みなさんのくちばしは、柔らかいくちばしかもしれません。小さなくちばしかもしれません。けれども、くちばしがあるならば、そのくちばしでもってこの真っ暗な殻を破ろうと努力してみてください。

そのくちばしで破るという努力が、みなさん一人ひとりにとって、いったい何であるかを考えてください。自分がどのように考え、どのように行動すれば、この殻を破るという行為《こうい》に当たるのかを考えてみてください。

他の人は割ってくれないのです。なぜならば、殻のなかに入っているのはみなさん自身だからです。なかに入っている人でなければ、内側からこの殻を割れないのです。他の人には割れないのです。

ハンマーで割られたならば、みなさんは死んでしまうでしょう。自分から、内から、それを破らなければいけません。それを破る方法とは何かを考えていただきたいのです。これが第二です。

第三は何でしょうか。それは、高級霊たちの考え、あるいは波動、思想といったものはいったい何であるかを見抜いていただきたいということです。霊言集のなかに入っている波動というものがどのようなものであるのか、それを感じ取っていただきたいのです。

霊言集の講義などをするときには、私には必ず指導霊がいます。この指導霊が誰であるかを考えてみれば、その内容にいちばん関係している人が指導しているはずなのです。それを知ってください。

霊視ができる人が視《み》れば、誰が指導しているかが分かります。私が講義をするときには、指導霊が必ずついています。ですから、私が話をしている波動のなかに、そのような高級霊の波動が必ず入っているので、それを感じ取ってほしいのです。

これがみなさんにとって、今の段階において許される他力《たりき》の自覚であろうと思います。それを感じてほしいと思います。

このようにして、自らを覆っている殻の発見、それをどのように破るかという自助努力、また、それを大いなる力でもって外から打ち破っていこうとする高級霊の波動、力、智慧《ちえ》、叡智《えいち》、これらのものをトータルでつかみ切ったときに、みなさんは何かの域を通り抜けたというところに達すると思います。

みなさん一人だけではないのです。周りには同じような卵がいっぱい転がっているのです。あちらでもこちらでも、内側からくちばしで一生懸命つついているのです。

「自分だけではないのだ、他の人も努力しているのだ」ということを忘れずに、共に励まし合い、努力し合って、自らの悟りの道を歩んでください。

第3章

勇気の原理

一九八九年五月研修

一九八九年五月三日　兵庫県・宝塚グランドホテルにて

1　光明《こうみょう》思想と勇気の原理

私は、一九八七、八八年の二年間に「原理シリーズ」として講演をしてきました。その内容は、第一回の「幸福の原理」から始まって、「知の原理」「愛の原理」「心の原理」「祈りの原理」など、十大原理としてシリーズ化されました（『幸福の科学の十大原理（上・下巻）』参照）。

このさまざまな原理のなかに、まだ足りないものがあるとすれば「勇気の原理」でしょうか。

幸福の科学というところは、決して後ろ向きの指導だけをしているわけではありません。また、過去において失敗したり打ちのめされたりした方が、単にプラス・マイナス・ゼロに戻ればよいというだけではありません。ゼロからさらに高みに昇っていくために光明《こうみょう》思想というものもあります。

ただ、ここで単なる光明思想とは違った考え方もあるのではないかと思われるのです。表現が適切かどうか分かりませんが、光明思想はどちらかといえば、おめでたい思想という考え方もあるわけです。嫌なものは見ない、そしていいもののほうを大きく見ていくという思想です。これはこれなりにかなりの力を持っている思想であることは事実です。

ただ、私たちが毎日の生活をし、幾十年かの人生を生きていく途中で、「自分の心を暗くするものは小さく、明るくするものは大きく」と考えるだけでは不十分な状況に置かれることもあります。

この不十分な状況とはいったい何でしょうか。それは明らかに、みなさんの前に立ちはだかってくる積極的困難であろうと思います。

道を求めている人の前には、なぜか、さまざまな艱難辛苦《かんなんしんく》が待ち受けていることがあります。これを悠々《ゆうゆう》と波乗りのごとく乗り切っていく方もいらっしゃるでしょうが、あえて自分にぶつかってくる三角波とでも言うべきこの波と、正面から対決しなければならないときもあるでしょう。

この波を乗り越えられたときには、「それは試練ではなく自分を磨く材料なのだ」という精神的態度を取ることは、かなり容易なことでしょう。しかし、この波が目の前に立ちはだかってきたときには、残念ながら間に合わないことがあります。いや、そのような悠長なことを言っていられないことがあります。

その際に、さあ、みなさんはどうしますか。沖から波が押し寄せてきたときに、横に向かって進むか、背を向けるか、水面下に潜《もぐ》るか、それともこの波に立ち向かっていくか。時には立ち向かっていかねばならないこともあるのではないか。それがこの「勇気の原理」であります。

光明思想というのは、たとえて言うならば、沖から来た波に見事に乗って岸辺まで辿《たど》り着いていく思想と言ってもよいでしょう。

「勇気の原理」は、むしろこれとは逆に、波に向かって突き進んで波を打ち破り、波を越えて、沖へ、大洋へと出るような教えと言ってもよいでしょう。

2　勇気の原理とは

①決意——恐怖心からの脱出

その際に必要とされる考えはいったい何でしょうか。

まず第一段階において、みなさんにどうしても言っておかねばならないことがあります。それは、「これから自分に立ち向かってくる波と真《ま》っ向《こう》から対決していくのだ」という強い決意であります。この決意があるかどうかが、波と闘《たたか》えるかどうかを決めることになります。

波の姿を見たときに、「自分はこの波に呑《の》み込まれる」と思った人、感じた人、いや、そのように信じた人は、溺《おぼ》れていく可能性が強いのです。恐怖心というものを感じたときに、波というのはたとえようもなく巨大で力強く、私たちを打ちのめすもののように見えます。

この「勇気の原理」に際しては、まず決意が大事だと言いましたが、この決意を要請するものは、実は恐怖心からの脱出なのです。恐怖する心からの脱出なのです。みなさんがその最初において恐怖したときに、もはや八割がた、その勝負に敗れているのです。

断じて恐怖してはならない。
断じて恐れてはならない。
断じて畏怖《いふ》してはならない。
断じて怖気《おじけ》づいてはならない。
断じて恐れおののいてはならない。

みなさんはその波以上に力強いものを持っています。その内にはるかに力強いものを持っています。そのことを忘れてはなりません。

②自信――黄金の鉞《まさかり》の発見

こうしてみると、この「勇気の原理」の第一段階にある「決然と立ち向かう覚悟」は、恐怖心を克服するものでなければなりません。恐怖心を克服するためには、自分の内なる力を信ずるということが大事です。それは自己卑下《ひげ》的な態度によっては、決して艱難《かんなん》を乗り切っていくことができないということを意味しています。

この前提において「勇気の原理」は、光明思想の原理とほぼ同じものを持っていると言えるでしょう。

では、何が違うのでしょうか。それは、自己内部の力というものに対する自信の内容が違うのです。

すなわち、第二の段階として大事なことは、「勇気の原理」においては単なるお題目《だいもく》的な陶酔《とうすい》感、おめでたいかたちでの自己信頼であってはならないということです。

私は、自信というものには裏打ちが必要であると言っておきたいのです。急場しのぎのために、「自分は強いのだ。勇気があるのだ」と言いきかせることをもって「勇気の原理」とは言いません。「勇気の原理」はまさしく、人生途上における自信の形成過程そのものでもあるのです。

その自信は、決して机上《きじょう》の空論であってはなりません。決して理想論のみであってはなりません。決してこの世ならざるものの力を頼るだけであってはなりません。

それは、現実生活において日々困難を克服し、そして困難克服の経験そのものを自らの自信へと変えていった者たちに燦然《さんぜん》と光っている、その額《ひたい》の宝石でもあるということなのです。

それは、過去というものを見た際に、みなさんが自分の過去をどう評価しうるかということにかかっていると思います。自分の過去というものは逃げの人生であったか、それとも、いかなるものが自らの前に現れてこようとも、逃げずに正面から捉《とら》えて乗り切った実績があり、その実績が現在ただいまの自分を押し上げているかどうかです。このようなことが大事になります。

したがって、人生の苦難に際して、初めて「勇気の原理」を発揮しようと思う人は、本人の過去の体験、および体験から得られた自信というものが、まったく使えないことになるわけです。過去に培《つちか》った自信がまったく使えないならば、ではその際にどうすればよいのかを考えなければなりません。

そのとき、みなさんの腰に「黄金の鉞《まさかり》」とでもたとえるべきものが実際にあることを発見していただきたいのです。

この黄金の鉞を発見し、これを振り上げ、渾身《こんしん》の力でもって振り下ろすためには、生半可《なまはんか》な思いや行動では不十分です。過去の自分の後ろ向きの姿勢を振り返り、すべてを清算して前進に転じ、さらに自分自身がつくっていた城壁とでも言うべき幻想、幻覚をも打ち破っていくだけの渾身の力が必要です。

このときには、新たな経験において、新しき自信をつくっていくことが大事です。決して火事場の馬鹿力であってよいわけではありません。そうではなく、この腰に下げたる黄金の鉞の、この重みを、この握りしめたときの感覚を、振り下ろすときの感覚を、また、それが打ち込まれたときの手応《てごた》えを知っていただきたいのです。

以上述べたところでお分かりのように、「勇気の原理」とは、まず出発点において自力《じりき》があるということです。それを知っていただきたいと思います。この自力は、地上において、本当にみなさんを弱者ではなく強者に変えていく原理です。みなさんを強くせざるをえない原理です。

いったん「勇気の原理」を学んだのであるならば、もはや後退ということはありません。

もちろん、高く力強い波が押し寄せてきて、自らの乗りたる小舟が揺れ、転覆《てんぷく》したり、押し流されたりすることもあるでしょう。しかしそれは、いかなることがあろうとも、たとえ海面に叩きつけられようとも、その小舟に乗りて、また沖のほうへと舳先《へさき》を向け、波から逃げず、波に向かって突き進んでいくということを意味しているのです。

私はこの観点から、みなさんに「いちばん大切なものは方向性である」ということを述べておきたいのです。人生行路を進んでいくときに、いちばん大切なのは、ほかならぬこの方向性です。

すなわち、「みなさんは何を考えているのか。助かることのみを考えて岸辺に向かっているのか。藻屑《もくず》となって海中に消えることを望んでいるのか、木の葉のごとく漂うことをもってよしとしているのか。それとも、はるかに広がった海に出ようとしているのか。沖に出ようとしているのか。決然として自らの内にてそれを自覚し、実行せよ」と言っているのです。

この最初の方向づけにおいて沖を目指さない者は、「勇気の原理」を語る資格はないのであります。たとえ、過去そうであったとしても、この原理を学んだ以上、もはやみなさんの舟は決して安易な道を進むことはできないのです。

広く大きな方向へ、はるかなる沖を目指して――彼方《かなた》には理想というものが広がっています。その方向を目指していかねばならないわけです。

③理想世界――大海原《おおうなばら》へ漕《こ》ぎ出す

では、「勇気の原理」の第三の段階は何でしょうか。それは、方向性の奥にあるものを指すことになります。

向かっていくべき方向の奥にあるものはいったい何でしょうか。それは、乳と蜜《みつ》に溢《あふ》れた豊饒《ほうじょう》なる地、カナンの地ではないでしょうか。それが理想の世界ではないでしょうか。みなさんが憧《あこが》れてきた世界ではないでしょうか。いや、言い換えるならば、はるかなる昔より人類の追い求めてきた世界ではないでしょうか。

その世界は、本来はこの地上を去った高次元世界にあります。けれども、私たちが今この地上に現に生きているということは、その世界が高次元世界において、在《あ》る、在った、在るであろう、ということでは、決して済まないということです。

われらが活躍の場が、今、この三次元の世界にあるのならば、われらが理想の世界もまたここになければならない。いや、ここに引き降ろさねばならない。ここに実現されねばならない。はるかなる未来のこととしてではなく、自らの人生の延長線上において、その世界がなければならない。そう思うのです。

では、「勇気の原理」の第三の柱としてぜひとも必要であるものは、この「理想世界の実現」という名の夢であります。ロマンであります。これなくして、何ゆえにわれらは巨大な波に立ち向かっていく勇気が出ましょうか。何ゆえに沖に出ようとするのでしょうか。何ゆえに舟が転覆しようとも、海中に叩《たた》きつけられようとも、木の葉のようにきりきり舞いしようとも、舳先を沖に向けて進んでいこうとするのでしょうか。

それは、高邁《こうまい》な理想ゆえではないのか。このような理想世界があるがゆえではないのか――。

そう考えないでは、私たちはこの物質と荒々しき波動と間違いの想念に溢れた地上界において、神の子として生きていくことはとてもできないと、私は思うのです。

みなさんをそのような迷いの世界から連れ出すものは、この理想にほかならないのです。この理想を胸に描くことができない者が、三次元の底辺において、巻き上がる砂で視界がゼロである海底の汚濁《おだく》のなかのようなところに、みなさんを引き込んでいくことになるのです。

しかし、そのような世界のなかで安住してはならないのです。そこに安住しているというのは、自分の目が自分の足元しか見えていないからです。自分が漂っているその波の下にある海底しか見えないから、そのような迷妄の世界において悩んでいるのです。そうであってはなりません。

この海の沖にある理想の世界は、確かにみなさんの肉眼では見えないかもしれませんが、心の眼を開いたならば、それはきっと見えるはずです。

真理の縁に引かれ、私たちが刊行しているさまざまな本を読み、そして胸を震わせて入会したみなさんであるならば、心の眼をしかと開いたならば、沖に広がる理想の世界は見えるはずです。

いや、見えなければなりません。見えなければ、みなさんが現在ただいままでに経験した感動というものは偽物《にせもの》だということになります。

その偽物の感動を伴って集《つど》っている者は、おそらくは現時点の自分の漂う波間をよしとし、その下にある海底に足をつくことを理想としているか、あるいは一日も早く、一時間でも早く、一分でも早く岸辺に戻りたいと願っている者か、どちらかでありましょう。

そのような心得違いをしている者は、比較的速《すみ》やかに幸福の科学という団体を離れていけばよいと思います。私たちはそのような人のために活動しているのではないのです。

私たちの情熱は、はるかなる理想の世界に人々を率《ひき》いていくためのものなのです。先達《せんだつ》たる資格のない者は去っていけばよい、と私は考えております。決して引き止めることはありません。

みんなが困難をかいくぐり、波と風に打ち克《か》って進んでいこうとするときに、なぜあなたがた一人ひとりも同じようにそのロマンに燃えないのですか。燃えないなら、燃えないだけの理由があるはずです。その理由はどこにあるかを自問自答してほしいと思います。自分がそのロマンに、理想に燃え立たない理由は、意外に簡単なところにあるはずです。

その簡単なものとは何でしょうか。私は、それを単に「自己保存」という言葉で呼びたくはないのです。自己保存という言葉はもっと使い出のある言葉であって、この場合は、自己を保存する行為《こうい》ではなく、むしろ堕落《だらく》させ退転《たいてん》させる行為であるように感じるのです。それは、私たちの前に大きな可能性が開かれているにもかかわらず、さなぎのままで繭《まゆ》のなかにこもり続けているような人間の姿を表しているのです。

「さなぎの殻《から》を打ち破れ。そして羽化登仙《うかとうせん》せよ。さすれば、目の前には大空が広がっているであろう。その大空に飛び立ち、上昇気流に乗って、世界を眺めてみよ」。そう言っているのです。

けれども、いつまでたってもさなぎの殻のなかから抜け出てこない者がいます。私はそのような方に問いたいのです。

まわりの者に殻を破ってもらわなければならないほど、自分というものに自信がないのか。外なる環境を不信の目でもって眺めるのか。そんなに羽を生やすということが怖《こわ》いのか。そんなに空を飛ぶということが恐ろしいのか。

真に値打ちのあるもの、真に喜びを伴うものを手に入れるためには、少なくとも経験において獲得するためには、殻を破って飛翔《ひしょう》せねばならないということです。

すでに誘《いざな》いの言葉があり、導きの光があってなお殻から出ないということは、いったいどういうことでしょうか。これは自己保存以上のことではないでしょうか。むしろ他の人々への積極的妨害にもなっているのではないのですか。周りの者が次から次へと空へ飛び立とうとしているときに、いつまで小さな地上の殻に閉じこもっているのですか。

どうか、心眼を開いてほしい。心の眼を開いてほしい。

みなさんがその肉眼を通して漫然と見ている世界は、本質的にいかなるものであるのか、その奥にいかなるものがあるのか、さまざまな人間がさまざまな思いのもとに、勝手気ままに生きているように見えるこの世界が、本当にそのとおりの世界であるのか、どうか眼を開いて見ていただきたいのです。そうして、自分が見落としているものがそこにないかどうかを考えていただきたいのです。

世の中で真理の自己実現をしていく際に出会う悩みや困難というものは、むしろさなぎから出るのを怖がっているみなさんの恐怖心の幻影かもしれません。その恐怖心は、決して根拠のあるものではありません。そうではなく、個人個人が怯《おび》えている、そうした現象の連鎖《れんさ》にしかすぎないのです。

④連帯――共同的幸福へ

では、みなさんのうちの大勢の方が、まださなぎのなかに閉じこもっているということを前提にするとしましょう。

そのときに、自分一人で勇気が出ないならば、ではなぜ他のさなぎに声をかけないのですか。他のさなぎとも話をしようとしないのですか。他の者たちはどう思っているかを知ろうとしないのですか。なぜ、みんなでその殻を打ち破ろうとしないのでしょうか。

ここに「勇気の原理」の次なる局面が出てくるのであります。それが何であるかと言えば、「連帯」ということです。「連帯」という言葉は、目的を同じくするものが共に力を合わせるということです。

人一人では脆《もろ》い面、弱い面があるのも否《いな》めないでしょう。それならば何ゆえに、みんなで手をつなぎ合って前へ進もうとしないのでしょうか。一人で居続けているのは、自分の勝手気ままな考えによるのではないですか。他の人は誰一人として自分に手を差し伸《の》べはしないと考えるのは、自分勝手な思い込みというものではないのですか。

あるいは、「道というものは自分一人で切り拓《ひら》いていける」と考えるほどに思い上がっているのではないですか。あたかも神が地上に降りたがごとく、自分の前に必ず大きな道が切り拓けるものだと思っているのではないでしょうか。

もちろん、そのようなこともあるでしょう。しかしながら、大勢の仲間があるということが、どれだけの力となるか、勇気となるか、いや、勇気を育て、さらに大きなものにしていくかを考えたことがあるでしょうか。

手斧《ておの》一つで密林を切り拓いていくことは可能でしょう。しかし、大勢の者が一定の方向に向かって力を尽くして斧を振るっていったときに、眼前にどれだけの視界が開けるかを、みなさんは考えたことがありましょうか。

今まで幾《いく》つかの原理を説いてきましたが、それらはすべて個人に帰する原理であったと思います。個人個人に帰する原理だったでしょう。この「勇気の原理」も、もちろん出発点は個人にあります。個人の自らなる力、すなわち自力、自助努力に出発点はあります。

しかし、この自助努力は単なる自助努力で終わってはならないものです。それはもっと大きなうねりとなっていかねばならないのです。

すなわち、私たちは過去幾つかの原理――幸福の原理、心の原理というものを学んできましたが、いよいよ個人の心の教えとしての原理というものを卒業し、さらなる幸福のために、力を合わせて共同的幸福を求めるべき段階に来ているということなのです。

個人個人の幸福で止まっているときには、そのユートピアは艶《あで》やかではあっても、本当の力は発揮しません。本当の意味においてユートピアというものをつくっていくためには、個人個人の働きがばらばらに現れてよいものではなく、力を合わせ、結束して、一定の方向へ向かった巨大なうねりとならねばならないのです。そうしてこそ、素晴らしいものが出てくるのです。

さすれば、私は「勇気の原理」を、単なる個人の原理として留めておきたくはありません。個人の原理から出発して、家庭・共同体・社会・国家・世界、こうしたものへ必ずつながっていく原理としたいのです。考えてみれば、これこそが先ほど述べた理想世界への道ではないでしょうか。

理想世界というのは、花が咲き乱れ、蝶《ちょう》が飛び、鳥たちがさえずる世界に自分一人でいることではないはずです。たとえ、そこへ辿《たど》り着く過程において、そのような世界における反省や瞑想などの個人個人の修行があったとしても、それはより高次な方向へと向かっていくための手段にしかすぎないということを、みなさんは忘れているのではないでしょうか。

単に、自らの心の曇りを晴らし、自ら一人が光ればそれでよいと思っていないかどうかを考えていただきたいと思います。みなさんは、そのような小さなことのために、今という時代の日本の国に生まれてきたわけではないのです。みなさんが目指しているものは、もっともっと大きいのです。

そうした狭い意味における個人主義を実践しようとしている方は、はっきりと言うならば、現代の日本に生まれて幸福の科学に辿り着く権利はないのです。なぜならば、天上界《てんじょうかい》において、もっと多くの人が現代の日本で魂《たましい》の修行をしたいと願っていたからであります。

今という時代にこの日本に出ることを叶《かな》えられなかった方が、数多くいるのです。それらの人に代わって、今この地に集い来たっているみなさんは、いかばかりの責務を背負っているか、お分かりでしょうか。

それは単なる個人の内心の喜び、個人の自由ということで許されることではないのです。個人の反省を通した喜びだけでよいのならば、実在界で修行していれば、それで済んでいるのです。あえて生まれてくる必要はないのです。

私たちが生まれてきた理由は、もちろんこの悟りの原理を通して、自らの魂を一段と光り輝かすところにもあるでしょうが、それ以外に、共同体として素晴らしき光を放つためにあるということを知らねばなりません。

この地上において多数の人間が寄り集まって放った光は、三次元世界のみならず四次元以降の世界をも照らすのです。それはちょうど、みなさんが山の端《は》から朝日が昇ってくるのを見たときの感激にも似ているでしょうか。

夜明け前、山の尾根に登って待っていると、やがて太陽が昇り、夜のしじまは破られて、あたりに光が燦然と輝き出すようになってきます。

この光の様子は、決して日の出のときだけに相当するものではありません。まさしく、私たちがこの三次元において魂の光を出しているという、その作業こそが、実は三次元から四次元、五次元へと真理の太陽を昇らせていくという行為と同じことになるのです。山の端が明るくなって、やがて四方八方が照らされて全天が明るくなっていくように、この三次元に出た光、真理の太陽は、必ずや他の世界をも照り輝かさずにはおかないのです。

そうした偉大な使命を持っているということを誇りに思いませんか。みなさんは、一人ひとりは小さな光の玉かもしれません。けれども、この光の玉が結集したときに、あの太陽のように巨大な光となるのです。

この巨大な光は三次元のどこかの山の端から出て、地上世界を照らすのみならず、必ずや四次元、五次元、六次元の世界を光らせるのです。輝かせるのです。明るくするのです。

その世界にいる人たちは、みなさんが今地上で、そのような大きな太陽をつくろうとしていることを知らないかもしれません。いや、むしろ言葉を換えるとするならば、知らなくてもよいのです。知らない人にまで影響を与えるような私たちでなくてはならないと思うのです。

「これから、あなたがたにこういう光を贈る。こういうプレゼントを贈る」と言いながら、贈って回る必要はないのです。そうではなく、他の世界にいる人々がまったく気がつかないうちに、光が着実に広がっていくようであってよいのです。

人間という視点を抜き去ることができないみなさんであるならば、おそらくは、誰かから誰かに与えたということを記憶のなかに留めたいという気持ちがあるでしょう。しかしながら、そのような人間的な喜びは、決して最終のものではありませんし、決して究極のものでもないのです。

究極の喜びは、究極の与える愛とは、誰に与えているかということさえも分からないほどの力と光と影響力を持たねばならないのです。誰に与えているかが分かるような愛は、まだ完成はしていないのです。本当の愛は、あの太陽のように光を放って、いったい何ものを照らしているか、それすらも分からないほどの光となっているのです。

しかし、その太陽の光とて、一つの炎が燃え上がっているわけではないでしょう。私たちの肉眼では見えませんが、燃え上がっているあの太陽の光は、数多くの炎が集まっているからこそ、またこの太陽系を照らすことができるのではないでしょうか。

いかなる炎が寄り集まって太陽の光を形成しているか、われわれ地球にいる人間には分かりません。気づきません。いや、気づく必要すらないのかもしれません。

しかしながら、太陽を形づくっている炎の集まりがあるのです。そしてまた炎をつくっている、さらに小さな光の火花が数多くあるはずなのです。その火花に名前がないとしても、その火花に個性たるものを見いだすことができないとしても、それがいったいどうしたというのでしょうか。それにどれだけの意味があるというのでしょうか。そのようなことは関係がないのです。

素晴らしき喜びを不特定の多数の人々に――まだ見ぬ人たちに、目に見えない人たちに、決して一生会うことのない人たちに、また現代に生まれていない人たちに、後《おく》れてくる人たちに、その光を届けてこそ、いや届けるというのではなく、遺《のこ》してこそ、われわれの今世の使命というものは全うしたと言うに足るものとなるのではないでしょうか。

⑤影響力――光の使命

さすれば、「勇気の原理」の五番目は、四番目の連帯ということを通り越した次なるもの、すなわち、大いなる成果へとつながっていかねばならないということであります。

今まで私は、たびたびみなさんに「結果というものを気にするな」と話してきました。それはそのとおりです。ただ、今私が「成果」という言葉で呼んでいる内容は、単にみなさんが生きているうちに、こう思い、行動した結果こうなった、ということを言っているのではありません。

この「成果」という言葉の意味せんとするものは結果をも含みますが、結果を超えた部分、結果に至らない部分をも含んでいます。「結果に至るまでのプロセスにおける力、その影響力はいかに、また結果が生み出した影響力はいかに」ということです。

すなわち、成果という言葉で、私がみなさんにお話し申し上げたいことは、「影響力」ということでもあるのです。

では、なぜ影響力なのでしょうか。それは、みなさんの本質とかかわっているのです。

みなさんの本質とは、すなわち光の本質です。その光は広がっていくことをもって、その使命とするのです。

すなわち、光の本質において、他に影響を、しかもよき影響を与え続けるという使命があるのです。それゆえに、光は放たれたその瞬間から、数多くの者によき影響を与えるために活動を開始するのです。

みなさんが真の人間であることを自覚したとき、それはみなさんが光に目覚めたときと言い換えてもよいでしょう。光に目覚めたときに、その光を自分一人のものとしてはなりません。その光を決して自らの手のなかに隠しておいてはなりません。

光は高く掲げるをもって、その使命を果たすのです。光は高く掲げるをもって、四方八方を照らし、多くの人々に熱エネルギーという名の愛を与えることになるのです。

さすれば、光の自覚に到達したみなさんは、残されたこの地上生命を、この地上の時間を、いったいいかなる世界に、いかなる範囲に、いかなる人たちに与えていくか、これが大きな課題となります。

この影響力という点を取ってみたならば、限界というものはありません。たとえ、地上にある肉体生命に限界があろうとも、そのエネルギーに限界があろうとも、その時間に、能力に限界があろうとも、その与えうる影響は、影響力は、影響度は、影響の結果については、限界がないのです。その事実を知らねばなりません。

これをもって私は、「波に向かいて波を打ち破り、大洋に出る」と表現したのです。「大海原《おおうなばら》に出よ」と表現したのです。まさしく大海原です。そこには無限の世界が広がっています。

人間として地上に生まれ変わること幾転生《いくてんしょう》、みなさんには、かつてそれだけの大きな光を放ったことがあったでしょうか。もし、なかったとするならば、今世こそ、この機会こそがチャンスです。

この機会に「勇気の原理」を使って、岩をも通すような巨大な光となり、鮮烈な光となり、力強い光となって、あらゆる困難と苦難と物質的な束縛《そくばく》を乗り越えて、雄大な真実の世界に至るべきではないでしょうか。

どうか、以上挙げました五つの柱というものを中心として、実りある人生にしていただきたいと思います。

第4章

未来への聖戦

一九九〇年第十三回大講演会
一九九〇年十二月九日　大阪府・インテックス大阪にて

1　新たなる秩序の探究

①時代の端境期《はざかいき》

本章は「未来への聖戦」という題を掲げてありますが、神の七色光線のなかで言えば、主として赤色光線に属する話をしようと思います。これは、政治、軍事等にかかわる指導力の系統の光線です。したがって、通常、私が述べている黄金色の法の光線の話とは若干《じゃっかん》ニュアンスを異《こと》にするかもしれませんが、そういう立場での話であるということを前置きしておきたいと思います。

今、世界を見渡してみますと、大きく時代が変わろうとしている、まさしくその端境期《はざかいき》にあるということを強く感じます。一人ひとりの個人の現在の生活を維持したいという願いから離れて、私たちの両足が立っている大きな地盤そのものが動いていくという、時代の大きな流れがあるわけです。

このなかで、個人として私たちが求めねばならないものは、はたして何なのでしょうか。それは単なる平和の時期とは大きく違ってきます。

何も問題がなければ、平然と、悠然《ゆうぜん》と暮らしていくこと自体は、そう難しいことではないでしょう。しかし、私たちが住んでいるこの世界が変わろうとしているなかで、従来どおりに生きていくことは非常に困難であろうと思います。

いや、今までと同じ心境を維持していくためには、私たちはもっともっと強固な信念を持ち、力強い生き方をしていかねばならないでしょう。それは、どのような嵐に出会ったとしても決して方向を失わない、あの磁石の針のようなものでなければならないでしょう。

しかし、ひるがえって考えてみますと、はたして磁石がはっきりと北を指すように、みなさんがたはどのような環境に置かれても、こちらの方向が神に向いた正しい方向であると分かるでしょうか。それを困難にしているのは、ほかならず、私たちが通常「正義」という名で呼んでいるものの中身が変わっていくときであります。

私たちは、その内容を深く考えることなく正義という言葉を使い、また聞いてきたでしょう。ただ、この地球時代の今、世界で使われている「正義」という言葉は、残念ながら日本人の大多数が思っている正義とは違うのです。

世界の多数の人々の心は、神のお心がどこにあるかという意味での正義を求めています。しかし、日本人の正義は人間がつくったものの正義です。人間がつくった制度、憲法や法律の枠組みのなかの正義です。ここに大きな隔《へだ》たりがあるということを知っていないと、私たちは現代という時代に生きておりながら、世界の流れを読み違えることになります。

全世界の多数の人々が今、求め、探しているのは神の正義なのです。それを私たちは知らなくてはなりません。

通常、正義という名で呼ばれているものは、秩序の維持を目的とするものです。神の創《つく》られた世界のなかで、人間をはじめとする万象万物がその生命を維持していくためには、調和ある秩序というものが必要とされます。ゆえに通常の場合には、秩序を維持するための考え方と行動とが正義と見なされます。

そして、秩序を破壊しようとする動きに対して、説得力を含めたさまざまな強制力が働き、混乱から秩序を回復しようとする動きがあります。これを通常、正義と呼んでいます。

国内では例えば、さまざまな暴力や犯罪に対して、警察が実力を行使することによって治安を保っていることにも相当しましょうか。この「秩序回復」「秩序維持」というのが、通常の場合の正義です。

しかし、世界が混乱するときはこの限りではありません。正義にはもう一つの大きな側面があります。すなわち、「新しい秩序の創造」という名の正義が出てくることがあるのです。

この場合、私たち人間の目には、「秩序を守ろうとする正義」と、「新しい秩序を創ろうとする正義」がぶつかり合っている姿として見えるために、どちらが真実であるかが分からないままに、時代の波間で翻弄《ほんろう》されることになります。

この新秩序創造のための正義は、結局のところ、時間の流れのなかでその存在が証明されていくことになります。「新しい秩序を創ったことが、多くの人々を幸福にしえたかどうか」という結果で判断されてくるようになります。

日本において、明治維新《いしん》が百年以上たった今日でもなお肯定されている理由は、明治維新で成し遂《と》げられた事業によって、その後の日本が発展したからであり、決して逆戻りの方向には動かなかったからです。それがすなわち、百年前に幕府という秩序が壊されたときに、それを壊す方向に回った人たちの方向に神の正義があったと言われるゆえんです（注１）。

ところが、世界を見れば、必ずしもそのようにばかりなっているわけではありません。私たちはこのことを知らねばなりません。

例えば、明治維新と同じようなことがイランという国でもありました。パーレビ王朝が政権を握っていたときに、アメリカのほうからさまざまな援助をして、イランの近代化を図ろうとしていきました。しかし、その近代化があまりにも進みすぎたということがあり、イランのイスラム教徒たちの文化を維持することができなかったために、ホメイニという人が出て、ホメイニ革命と言われる古い時代への復古運動が起きました。イランでは、日本の明治維新のようにはならなかったわけです。

また、同じようなことはいくらでもあります。今問われているのは、「今から七十年余り前にソ連で起きたロシア革命とはいったい何であったのか」ということです。七十年の壮大な文明実験の結果、残ったものはいったい何であったのかが問われているわけです。

中国でも同じようなことが言えましょう。従来の政府が台湾に移り、そして毛《もう》沢東《たくとう》の指導のもと、革命により共産主義政権が成立しましたが、その体制自体がはたして善であったのか悪であったのか。善をこの世に実現することが正義であるとするならば、それははたして正義であったのか悪であったのか。このようなことが今、歴史のなかで問いかけられております。

逆もあります。今から二十年以上も昔、アメリカが南ベトナムに介入し、ベトナム戦争が起きたときに、アメリカのなした行為《こうい》ははたして正義であったのか否《いな》かは、まだ問われていません。議論のなかで結論が出されていません。敗北した国がいまだに世界最大の強国でもあるために、結論が出せないでいるのです。しかし、ベトナムでは二百万人の人が亡くなりました。いったいその死は何だったのでしょうか。

その当時流行していたのは、ドミノ理論というものであって、「世界のどこかで共産主義が自由主義のほうを倒して勝利を収めると、隣接する国々が将棋倒し《しょうぎ》のように共産化して世界各地へ波及し、自由主義社会は危機に陥《おちい》る。だから、その最初の土手が崩《くず》れるのを防がねばならない」ということでもって、ベトナムへの介入は行われたのです。

その結果、二百万人の命が奪われ、結局は北ベトナムの解放戦線のほうが勝利して、社会主義下において統一されたままになっているわけです。この場合の正義とはいったい何であったのでしょうか。

ひるがえって、その流れを見ながら、さらに深い歴史の探究のなかに入っていきますと、今から二千数百年前、中国では初めて、あの大国土が秦《しん》の始皇帝《しこうてい》によって統一されました。その評判は別として、法家思想《ほうか》に裏付けられた初めての法治国家です。

しかし、始皇帝没後十年、国は乱れ、覇《は》を争うものが各地に跋扈《ばっこ》し、戦国時代に入ります。ご存じのとおり、やがて項羽《こうう》と劉邦《りゅうほう》という二大英雄の対決となり、百戦百勝の項羽が最後の一戦で劉邦に敗れて、ここに漢《かん》帝国ができました。

中国では、現代でも項羽の最期《さいご》を惜《お》しむ声が強いわけですが、その時代の半《なか》ばにあった者にとっては、はたして正義はどちらの側にあったのか、とうてい分からないことかもしれません。

あるいはまた、日本では戦国時代における織田信長《おだのぶなが》の働きはいったい何だったのでしょうか。どのように見るべきなのでしょうか。

このようなことをさまざまに考えていくときに、新しい秩序というものが形成されるときには、どうやら人間が通常の生活をしていくなかでの正しさとは違ったものがあるということを、私たちは知るようになります。

例えば、通常の生活において、もし街行く人を刃物で傷つけて死に至らしめるとしたならば、その人間は九十九パーセント地獄《じごく》というところに行くことになります。

ところが、戦争というものが起きたときに、では兵士として戦った人たちはみな地獄に行くかといえば、必ずしもそのようにはなりません。なぜ、そうならないのでしょうか。そこに平和時の小さな正義に対して、もっと大きな正義が現れてくるのです。

すなわち、小さな正義は大きな正義のために殉《じゅん》ずるときに、一見敗北したように見えますが、その結果、大いなる幸福というものが現れたときに善悪は超えられるという、そういう法則があるのです。

さて中東では、イラクとアメリカをはじめとする多国籍軍が睨《にら》み合っています

（説法当時）。これに対して、さまざまな解説がなされています。みなさんもさまざまに考えておられるでしょう。

アメリカ側は結局、泥棒《どろぼう》が他人の家に押し入ったところ、警官隊が来たため、家のなかの人たちを人質《ひとじち》に取ってしまったという状況にあると見ています。よって強盗を捕《つか》まえねばならないという考え方を持っているわけです。そして世界の多数は、その流れに同調する方向で動いております。

しかし、さらにもう一つ大きな目で見ますと、一五〇〇年代以降の世界の帝国主義的な拡張路線のなかで、ヨーロッパの列強たちは次々と植民地をつくり、植民地支配を行ってきました。そして今、グアムもハワイもアメリカの支配下にあります。それはなぜなのかを論理的に説明できる人はおそらくいないでしょう。

それは戦争に勝ったからです。列強は、そのようなことを永きにわたって行ってきました。

それが善であるのか悪であるのかは、その時点では分かりません。ただ、結果論として、そのような進出がその国の人たちを幸福にしたときには、善とされ是《ぜ》とされるという傾向があったこともあるでしょう。そうでなかった場合には激しい抵抗運動、独立運動が各地で起きて、血を流すことになってきました。

②文明の挑戦と応戦

今まさしく、歴史の歯車が動こうとしているわけです。みなさんがたは、なぜイラクという国がクウェート侵攻を企《くわだ》てたか、その理由がお分かりでしょうか。もちろん幾《いく》つかの理由がありますが、私たちは、まず中東という地方の非常に特殊な事情というものを知らねばなりません。

ここは血塗《ちぬ》られた地方であって、これからますます血を呼ぶことになっている地方でもありますが、ここに今、大きな霊的なる渦巻きが起きています。時代を変えていこうとする大いなる意志が働いてきています。

今、過去の古いイスラム圏の文化を根こそぎ変えていこうとする、天上界《てんじょうかい》の意図があります。今、その端境期《はざかいき》に入ってきました。つまり、私たちがテレビを観《み》て感じている善悪とは違ったものが、今動き始めているということです。世界史の舞台が、今変わっていこうとしているのです。

私たちの目の前に見えているものは、歴史家のトインビーが言ったとおり、一つの古い文明が、新しい文明の興隆《こうりゅう》によって挑戦を受けているわけです。

文明の盛衰《せいすい》は、挑戦と応戦によってつくり上げられており、古い文明は新しい文明の挑戦を受けます。古い文明は、その挑戦を受けて立ち、粉砕《ふんさい》したときのみ生き残ることができますが、それに成功しなかった場合には滅びていくことになっています。この挑戦と応戦という考え方が歴史の発展の法則の一つであります。

今、半世紀にわたって世界の覇権《はけん》を握っていたアメリカという国が没落していくシナリオの第一ページを、私たちは見ていることになります。世界のＧＮＰ（国民総生産）の二十五パーセントはアメリカが持っています。十五パーセントは日本が持っています。つまり四十パーセントが、この二国で支配されているわけです。

一方、イラクという国のＧＮＰは小さいものです。しかし、その軍事に占める比率を見ますと、三十数パーセント、三分の一からあるいは四割近いお金を回しております。軍事力としては世界の四番目から、五番目に相当いたします。

ここで今起きようとしていることは、長期的に見ますと、アメリカという国が衰退《すいたい》していくシナリオが描かれてきているのです。

ここ数年という短期的な目で見れば、国連軍を中心にして、世界の秩序維持という正義のもとに結束して動いているわけです。数年の間の短期的な正義はアメリカのほうにあります。

しかし、二十年から三十年ぐらいかけた長期的な目で見ますと、アメリカの衰退ははっきりしていて、一方この中東に、一つの巨大パワーが生まれてくることになっているのです。このアラビア半島にスーパーパワーが出てくるのです。その力は、おそらくアラビア半島を統一していくことになっていくでしょう。

そして、統一してどうなるのでしょうか。すなわち、近代化に乗り遅れたアラブ諸国の統一を成し遂げた後に、ここで生まれる新しい文明が、発展途上にあって呻吟《しんぎん》しているアフリカ諸国を助けるという大きな計画があるのです。今、そのような流れのなかにあって、新しい文明と古い文明が挑戦と応戦のさなかにあるわけです。

そのなかで日本という国はどのような立場を取ったらよいのか、政治的には非常に困っているところでしょう。これは情けないと言えば情けない状況でありますが、結果的には、この中途半端な立場が日本を有利にすることになるでしょう。

このように今、世界が動いていくなかで、私たちが目指しているものは軍事色一色の世界観ではありません。もはや、ここ数年、あるいは十年、二十年の間に戦乱が起きるということは、ほぼ避けられないものです。それがどのようなかたちで、どの地域に、どの程度の規模で起きるかということは定かではありません。

ただ、大きな歴史の流れのなかで見たときに、現代は文明の端境期に当たっています。そして、「ヨーロッパ文明という一つの西洋文明が、日本を中心として東から出る新しいアジア文明と、西南アジアを中心として新たに西のほうに興ってくる文明という、新しい二つの文明の挑戦を受けて衰退していく」という大きなシナリオははっきりしています。

そのなかでどのように世界が動いていくかについては、その将棋《しょうぎ》を指すことを任されている人間たちの仕事にもかかっているわけです。

ひるがえって、それ以外の他の地域についても述べておくとするならば、九二年にはＥＣ（現・ＥＵ）の統一、すなわちヨーロッパの通貨、国境、経済、政治、それらすべてを一元化して、統一国家的にしようとする動きがあります。これはもう秒読み段階に入ったと言ってもよいかもしれませんが、このＥＣの統合は必ず失敗します。

まず、脱落はイギリスから始まるでしょう（注2）。イギリスという国は、このＥＣの通貨的な統一、政治的な統一に反対したサッチャー首相を退《しりぞ》けました。この趨勢《すうせい》自体はいかんともしがたいですが、サッチャーの霊的な直観そのものは当たっています。このＥＣ統合のなかに呑《の》み込まれると、イギリスは確実に衰退するのです。これはもう、はっきりしているのです。

そして、次に衰退するところはフランスです。フランス自身は、密《ひそ》かにヨーロッパ統一体のなかでイニシアチブを取っていけると思っているのですが、実際には失敗します。

そして歴史の趨勢は、ドイツを中心として動いていくことになります。ただ、ドイツが強くなったときにはヨーロッパの危機になります。過去すべてそうなっています。ドイツが強くなったときは、ヨーロッパの均衡《きんこう》が破れて危機になる時期であります。

また東ヨーロッパ等も、そう簡単に再建できる経済状況ではありません。これもまた、ドイツ一国の経済的優位によってはとうてい救えない状況にあります。

さらに、あのソ連（当時）という国ですが、数十年続いた冷戦の敗北の結果、悪いことに食料にも窮《きゅう》する現状になっていることは、みなさんもご存じのとおりです。宇宙船を飛ばせる国が、食料に事欠《ことか》くようなありさまです。それは、私たちの目にはまことに不思議には見えますが、これを敗戦後だと考えればお分かりになるでしょう。それは戦争中から始まって、第二次大戦後、食料が配給制になっていた日本とまったく同じ状況になっているわけです。

このままの見通しでいきますと、ソビエト連邦は確実に分裂国家となるシナリオになっています。バルト三国をはじめ、中央アジア、シベリアと、すべての地域が分離独立の動きを示していきます。共産主義が崩れ去った後、この多民族国家を一元的支配によってまとめることができなくなるのです（本講演の一年後、この予言は的中した）。

みなさんがたは、この後に来るものはいったい何だとお思いですか。この後に現れてくるものは、人間の持ついちばん醜《みにく》いものです。経済力なく、食料なく、復興の見通しなく、軍事力だけがあるような人間が、いったい何をするか分かるでしょうか。それは、推測にかたくないことでありましょう。その武器をお金や食料に換えるという動きをするのが歴史の常であります。

イラクもそうです。ＧＮＰの三十数パーセントもの軍事費を使っていれば、食べていけるわけがありません。軍事費は、軍隊や武器そのものとして持っているだけでは、何らの価値を生みません。唯一、価値を生む場合というのは、この武力でもって他の経済的なるものを奪い取ったときのみです。

そのためにイラクはクウェートに入ったのです。四割近い軍事費を維持するには、他の国を取っていく道以外にないのです。そのようにして経済原則のつじつまが合うわけです。

ですから、フセインが考えていることは、クウェートの併合《へいごう》などという小さなことではありません。それはあくまでも経済を強くするための第一歩であって、彼の考えていることは、その次にアラブのなかで対イスラエル包囲網をつくることです。そして、アラブの共同体をつくってイスラエルを潰《つぶ》すということを考えています（本講演の一カ月後、湾岸戦争が勃発《ぼっぱつ》し、イラクはイスラエルに向けてミサイルを発射した）。

このイスラエルという国とアラブ諸国は、実はその宗旨《しゅうし》において両立しないのです。

イスラエルは、『旧約聖書』の預言《よげん》によって出来上がっている国です。

この国家はかつてのアブラハムの時代に建国されました。その後、飢饉《ききん》等が襲ったために民が食べていくことができなくなり、エジプトの地へ逃《のが》れましたが、今度はそこで奴隷《どれい》階級に落とされてしまいました。

そして今から三千年あまり前、ラムセス二世時に、奴隷階級に落とされた民たちが、モーセの指導のもとにエジプトの地を逃げ出しました。そして本来の国家に戻ろうとして、イスラエルに帰ってきたわけです。

その途中、神という名でも呼ばれていたそのイスラエルの高級神霊、民族神たちは、旧約の預言のなかで、現在のイスラエルがある地域について、「このカナンの地は、おまえたちに約束された地であるのだ。神から約束された地であるのだから、そこへ帰って国を建ててよい」ということを、はっきりと言われているわけです。

そして、モーセは数十万人の人々を率《ひき》いて帰ってきました。モーセ自身は最後まで辿《たど》り着くことができずに途中で没しましたが、その後、ヨシュアを中心にイスラエルの民を率いて、現代のアラブの国に相当する諸国を攻め滅ぼし、土地を取って、そこに建国をしたのです。

この事実ゆえに、イスラエルというところは、アラブの土地、アラブの人というものに対しては、その宗教からいって、まったく別のものとして一線を画しているのです。

彼らは、「神によって約束されているのは、私たちイスラエルの民であるのだ。イスラエルが国を創り、生活し、神の国を維持していくためには、アラブの領地を取り、戦争によってアラブの人を殺すということは神が容認されている」と考えているのです。

ですから、アラブの側に言わせれば、イスラエルという国があり続けるかぎり、自分たちの生命の安全はないのです。このような大きな憎しみが両民族にあるからこそ、この火種《ひだね》は消えることがないのであり、結局どちらかが勝つまで続くことになるのです。これが今、アラブの諸国が考えているところです。

（注１）明治維新によって日本は近代化したが、その一方で、西欧諸国にならって宗教を一神教的なものにしようとして国家神道《しんとう》を立てたために、廃仏毀釈《はいぶつきしゃく》により数多くの寺社や仏像等が破壊されるなど、仏教や他宗の弾圧がなされた面もある（『政治に勇気を』〔幸福の科学出版刊〕等参照）。

（注２）二〇二〇年、本講演のとおり、イギリスはＥＵから離脱した。

2　日本の使命

①全世界経済構想

このように、世界というものは非常に複雑な諸国民の論理に基づいて動いています。それを私たちは、日本人的なる「日本教」とでも言うべき単純な論理だけで推《お》し量《はか》ってはなりません。

それぞれの民族、国家に長い歴史があり、彼らの考え方があります。「その考え方に基づけば、どのような行動を取るのか、どのようなことが彼らにとって正義と見られているのか」ということを知らねばなりません。そこに複数の正義がぶつかることもあります。

そのときに私たちが見抜いていかねばならないことは、「次なる時代において正義と見なされるほうを選択していかねばならなくなる」ということなのです。

その時点では、どちらに賭《か》けるべきか分からないけれども、時間の流れのなかで、「どちらの選択を取ったほうが、結局より多くの人々の幸福につながったか」というところに、すべてが収斂《しゅうれん》していくことになります。

この考え方からいきますと、これから日本という国が果たさねばならない使命というものは、かなり重いものになってきます。その重さはいかほどでしょうか。

世界の百数十カ国の国の大部分が、今後、戦争、あるいは飢饉《ききん》、天変地異によって飢《う》えていくことになりますが、こうした飢えた国家は、放置しておくと必ず共食いを始めるのです。これが各地で起きる戦乱です。これからは、隣の国を奪うぐらいは平気でするようになってきます。

それは国家レベルの話であるために、なかなか信じがたいことでしょうが、一歩、国家から離れて、企業の世界を見てみると、今のアメリカなどで起きている企業の買収、M&Aというのは、結局、国家を乗っ取ることと同じなのです。

これは手っ取り早い経済なのです。乗っ取ってしまうのです。会社ごともらって、自分の会社に入れてしまうわけですから、これは国を併合していくのとまったく同じ論理なのです。かつてのその会社の歴史や文化というようなものは関係がないのです。トータルで利益が出れば、会社を買収して併合してしまうわけですから、これは国の併合とまったく同じ論理なのです。

では、経済論理としては通用していて、国のレベルではなぜ行われないのでしょうか。それは、国が大きな軍事力を伴っているために、リスクが大きすぎることもあって、行動としては鈍っているだけなのです。

しかし、諸国民が飢えるような状況が出てきますと、これから、このようなことは日常茶飯事《にちじょうさはんじ》になってくる可能性があります。国家の分断、奪取《だっしゅ》、このようなことが行われていきます。

前述のソ連でもそうです。今度は独立しようとする小さな共和国などが、さまざまな利害を持った国から狙《ねら》われるようになり、ソ連から取ろうとする動きが出てきます。他の新しい勢力によって、豊かなところが狙われる恐れが出てきます。

そのときに現れてくるものは何でしょうか。それは世界の混沌《こんとん》であります。このような段階の時期においては、強力なリーダーが出てこないかぎり、世界をまとめることはできないのです。

多くの人々は「平和、平和」と言いますが、それは何もしたくないという「厭《えん》戦《せん》」というだけの平和では済まないのです。そういう状態になってきたときには、それでは済まないのです。その平和の理念を具体化する行動を取らないかぎり、実際に平和を愛することにはなっていかないのです。

したがって、今、日本に必要とされることは、世界百数十カ国が飢えたときに、これを食べさせていけるかどうかという考えが一つあります。経済大国の日本が、彼らを援助し、育て、守っていくことができるかどうか、これは非常に大事なことです。飢えれば、人は殺し合いを始めます。戦争を始めます。

しかし、日本の経済の現状を見て、いかがでしょうか。あのアフリカが、中東が、中国が、ソ連が飢えたときに、日本はこれらの国々を支えられるでしょうか。

一方のパートナーであるアメリカは今、国家衰退《すいたい》の危機にあります。経済的にはすでに、完全に下降線に入っています。そしてこれは、もしブッシュ政権がこの中東において間違いを犯した場合には、アメリカという国家は、この十年ぐらいで完全にスーパーパワーから一列強国に陥《おちい》ります。判断を間違ったら必ずそうなります。

そして、世界のGNPの二十五パーセントを持っているアメリカの経済も、衰退を余儀《よぎ》なくされていきます。他の国を救える国がなくなるのです。そのときにどうするのかということです。

日本の経済は、今、ＧＮＰで世界の十五、六パーセントぐらいですが、私は、自信と政策が正しければ、二十一世紀の初めに、だいたい世界の三十パーセントから四十パーセント近くにまで近づいていくと思います。おそらく四十パーセントくらいがピークです（実際は、宮澤首相と三重野日銀総裁、当時の大蔵省のバブル潰しで日本は長期低迷に入った）。

そのときに、はたして世界を支えるだけの全世界経済構想をつくることができるか否かです。もし全世界が食べていけなくなれば、あり余る武力でもって、あちこちで侵略が起きます。これが一つです。

②民主主義の破綻《はたん》

そしてもう一つ、どうしても重要な点として挙げておくべきことがあります。

戦争が起きる原因は、経済的な飢えということでもって攻めていかざるをえないということだけではないのです。もっと根源的なる理由として、相互の理解ができないということが原因となっています。

理解できない原因は、文化に共通項がないことが多いからです。共通の言語、共通の文化、共通の行動様式を持たないところに不信が生まれます。そして、相手の考えが理解できないところから憎しみが生まれ、争いが生まれてきます。これも戦争の大きな大きな原因の一つです。

これをなくしていくためには、人類共通の文化とでも言うべき価値基準が、どうしても必要になるのです。今までのキリスト教文化圏だけでは世界を包摂《ほうせつ》できません。それは二千年の歴史が証明しています。

確かに今、西欧型の自由主義がかなり勝利したかに見えるようになってはいますが、その勝利したと見えるときが、実は没落へのスタートでもあります。

今、この二十世紀に生きている五十四億の人々にとって、もし共通する物差しなり、主義なり、主張なりがあるとすれば、おそらくそれは「民主主義」という名で呼ばれているものでありましょう。

私たちが共産主義とか社会主義という名で呼んでいる国でも、建前は民主主義です。多くの人々の意見によって行うということを、いちおう建前としています。民主主義と自由主義とは必ずしも一致するものではなく、それは共産・社会主義国をも含んだ両者で取られている考え方なのです。

しかし、二十世紀最大の価値であるこの民主主義が、民主主義であるがゆえに報復を受ける時代がこれから始まります。それはなぜでしょうか。

今、あまりにも多くの人間が地球上に住みすぎているのです。そしてそれは膨《ぼう》張《ちょう》しつつあります。

中国は十一億います。インドは八億以上います。(当時) アフリカもそうとう数います。このように、数が増えています。

民主主義というのは、多くの数の意見を反映するという考えです。その民主主義というものが、実は民族の数の膨張そのものによって破壊されていくのです。

民主主義が成り立つ前提は、それを支えている諸国民が良識を持っているということなのです。彼らに一定の自覚と、教育水準、生活水準があって、多数の意見に従っていれば国が健全に経営されていくということが、その前提なのです。それが民主主義が正義である前提なのです。

ところが、その大多数が、数億、数十億という人が食べていけず、教育も受けられないような状態になったら、いったいどうなるでしょうか。民主主義の前提が崩《くず》れていきます。それは必ず衆愚政《しゅうぐせい》に堕《お》ちていくのです。

衆愚政に堕ちていかないための前提は、目覚めたる市民がいるということです。そうでない場合には、ほんの一握りでも、国を建て直して人々を救う優れたるリーダーが出なければ、彼らが生き延びていくことはできません。

私は、今世紀最大の理念である民主主義そのものが新しい挑戦を受け、そして揺らいでいくだろうと思っています。

それでは、今、日本に住んでいる私たちの立場から言って、やらねばならないことは何でしょうか。

先ほど述べたように、経済的な面で世界を再建し、その飢えをなくし、全世界を支えていくという方向には莫大《ばくだい》なる力が必要ですが、可能性はあります。私たちには可能性があります。

しかし、それには自覚が必要です。自国の経済のみうまくいけばよいという程度の自覚ではなく、「あの国もこの国も、飢えたときに助けていけるか、戦乱になったときに助け、救っていくだけの力があるか」というところまで考えた経済政策をつくっていかねばなりません。

このように経済においては、企業の論理だけではなく、国自体が使命感を持たねばなりません。これが一つです。これは比較的やりやすいことでありましょう。

③多様なる理念の統合

もう一つは、儒教、キリスト教、仏教、イスラム教といった諸宗教を超えた全地球的な価値観をつくって、世界中に浸透させるということです。この価値観、文化が共通の言語の代わりになるのです。これをつくらないかぎり、どうしても世界は一つにはならないのです。

アメリカの側から見れば、神の心に照らしてみて、イラク等の動きは悪魔の動きであると見ています。一方、イラクの側では、アメリカはサタンの代表だと見ているのです。両方がそのように思っているのです。

そこにあるものはいったい何でしょうか。それは、多様なるものを包摂《ほうせつ》する理念が欠けているということなのです。

多様なる価値観というものは、現実にはあります。個人にそれぞれ性格の違いがあるように、民族にも国家にも性格の違いがあります。

多様なるものは、本来よきものとしてつくられたものです。多様なるものが進歩向上を目指して努力していくなかに、人類全体の向上があります。それゆえに、多様なる考え方と多様なる個性が許されているのです。

しかし、それは、発展・向上を目指していくときにのみ許されていることであって、お互いを害し合い、傷つけ合い、堕落《だらく》していくための多様性であっては許されないのです。そのようなものは、神の想定している正義とは違ったものなのです。

ゆえに今、私たちはどうしても、この日本という国を足場として、宗教や哲学や思想を超えて人類を一つにまとめるための理念を打ち立てねばならないのです。

目先の一年や二年、五年や十年先に起きる小さな戦争は、今の私たちの力ではどうすることもできません。しかしながら、戦争が泥沼化して人類が堕落していく方向から、全世界を一つにして新たな繁栄をつくり出していく方向へと転換するための力となることが可能であると、私は思うのです。

そのためには、一見、遠回りなようにも見えますが、世界の多様なる価値観について、歴史を超え、文化を超え、民族を超え、言語を超えて、唯一なる神の理念から降りているところのその多様性を説明し切り、それをさらに統合する努力こそが必要なのです。

それができるところは、全世界に幸福の科学以外に絶対にありません。これ以外にないのです。これのみが人類の希望なのです。

それ以外にも、もちろん、よいものは幾《いく》つもあるでしょう。よい考えもあるでしょう。道徳もあるでしょう。そのような団体もあるでしょう。それを私は認めます。

しかし、彼らが今、この地球時代の人類を救う力は持っていないということも、私はまた認めるものであります。

今、世界を一つの価値観のもとに統合できるのは、幸福の科学の思想をおいてほかにありません。われらはすべての統合を目指しています。すべての価値観を統合して共通の言語、共通の文化を築くこと、このようなすべての統合こそが、人々が多様なるままにお互いを理解し、永遠の神に向かって向上していくための唯一の可能性なのです。

私たちは、そのような大きな視野のもとに、今、戦いを開始しているのです。

3　未来への聖戦

幸福の科学が始まって四年目にして、ささやかなる伝道活動が起きてきました。そして、いよいよ本格的な大伝道期に入ります。

これは一宗一派の利益のためにしていることではないのです。私たちが、幸福の科学という団体だけの利益のためにしていることではないのです。

それは、全世界の人類の暗闇《くらやみ》の時代から、彼らを明るい世界へと引っ張っていくことであり、未来への希望を提示することなのです。この戦いは、百万人いようが、一千万人いようが、とうてい兵力が足りません。それだけ非常に大きなものなのです。

私には、無神論国家が潰《つぶ》れていく姿が霊的に視《み》えます。ソ連や中国やその他のさまざまな国が潰れていったり、国家として破綻《はたん》していくのが目に視えます。そのような国々には、十億二十億、あるいはそれ以上の多くの人々がおりますが、彼らはその先いったいどうするのでしょうか。どのように生きていくのでしょうか。また、ヨーロッパにも多くの人々がいます。彼らが方途《ほうと》なき世界に出たときに、いったい誰が彼らを導くのでしょうか。

かつて、エジプトの地から、奴隷《どれい》となった数十万人のイスラエルの民をカナンの地へ導いたのはモーセです。しかし今、世界は地球規模の時代文明になっているために、地球規模において人類を解放するような大きな運動が必要となってきているのです。

かつてのモーセならば、イスラエルの民六十万人ぐらいを解放すれば済んだでしょう。しかし、今はそれでは済みません。数億、数十億の人々を、二十一世紀以降の新しい世界へと解放に導いていかねばならないのです。

もし、私たちが万一敗れることがあるならば、人々は、長い長い苦痛と恐怖に満ちた悲惨《ひさん》な生活のなかで、出口なく生き続けていかねばならなくなります。世界に異なった価値観が乱立し、お互いに憎しみ合い、傷つけ合い、奪い合うような世界が展開してくることになります。そのようなことは、絶対に、断じて実現させてはならないのです。

たとえこの先、どのようなことが起きてこようとも、われらはその迷妄《めいもう》を、その闇《やみ》を突き破って、全世界に希望の光を届けねばなりません。

これが、われらがなさねばならない伝道の真なる意味であり、「未来への聖戦」なのです。

聖戦とは、まさしく神のための戦いであります。大いなる正義のための戦いであります。来世紀以降の、二十一世紀以降の歴史をつくるための戦いであります。

この戦いにおいては、断じて負けは許されません。また断じて妥協《だきょう》もありません。われらは、この地上にある数十年の人生を惜《お》しいと思ってはなりません。たとえこの肉体破るるとも、魂《たましい》は永遠であります。不滅であります。神の戦士として戦い抜いたその魂は、永遠の勝利を手にしているのであります。

これより後、共に未来への聖戦のために頑張《がんば》っていきましょう。

あとがき

本書に盛られた内容は、有史以前の文明の変転、未来文明への予言、更には自己変革の原理などであり、幸福の科学ならではのスケールの大きさ、立脚点の確かさが、いかんなく発揮されていると思います。

第1章の「真理文明の流転《るてん》」に関しては、『太陽の法』（幸福の科学出版刊）第5章〈黄金の時代〉、『幸福の科学の十大原理（上巻）』（同右）第2章の〈愛の原理〉を是非ご参照下さい。

また本書第2章の「心の開拓」は、『道元禅師霊示集』（現在は『大川隆法霊言全集』第21巻・第22巻〔宗教法人幸福の科学刊〕）『親鸞聖人霊示集』（現在は『大川隆法霊言全集』第19巻・第20巻〔同右〕）をご参照下されば、一層理解が進むものと考えます。

いずれにしても、真理の宝の山に、さらに一つキラキラと光る宝を追加したようで、とても心楽しい気持ちを味わっています。ご愛読下されば幸いです。

一九九二年　新春

幸福《こうふく》の科学《かがく》グループ創始者兼総裁《そうししゃけんそうさい》　大川隆法《おおかわりゅうほう》

『真理文明の流転』関連書籍

『太陽の法』（大川隆法 著　幸福の科学出版刊）
『黄金の法』（同右）
『幸福の科学の十大原理（上・下巻）』（同右）
『政治に勇気を』（同右）
※左記は書店では取り扱っておりません。最寄りの精舎・支部・拠点までお問い合わせください。
『大川隆法霊言全集 第19巻 親鸞の霊言／唯円の霊言』
（大川隆法 著　宗教法人幸福の科学刊）
『大川隆法霊言全集 第20巻 一遍の霊言／蓮如の霊言』（同右）
『大川隆法霊言全集 第21巻 道元の霊言／無門慧開の霊言』（同右）

『大川隆法霊言全集　第22巻　栄西の霊言／白隠の霊言／良寛の霊言』（同右）
『大川隆法霊言全集　第24巻　モーセの霊言②』（同右）
『大川隆法霊言全集　第25巻　モーセの霊言③』（同右）

本書は一九九二年三月に小社より発刊された
『神理文明の流転』を改題したものです。

真理《しんり》文明《ぶんめい》の流転《るてん》　──過去と未来の間で──

2025年4月10日　初版第1刷

著　者　大《おお》　川《かわ》　隆《りゅう》　法《ほう》

発行所　幸福の科学出版株式会社

〒107-0052　東京都港区赤坂2丁目10番8号
TEL(03)5573-7700
https://www.irhpress.co.jp/

印刷・製本　株式会社 研文社

落丁・乱丁本はおとりかえいたします

ISBN978-4-8233-0450-7 C0014
装丁・イラスト・写真© 幸福の科学

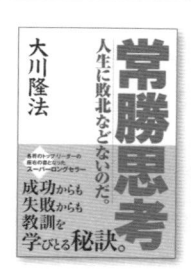

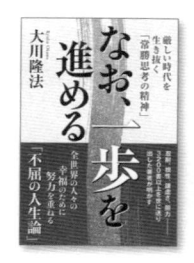

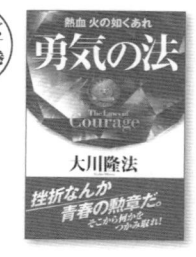

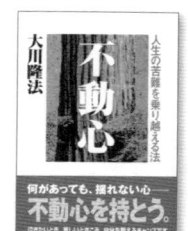

大川隆法ベストセラーズ・愛深き人間になるために

愛の原点

優しさの美学とは何か

この地上を優しさに満ちた人間で埋め尽くしたい──。人間にとって大切な愛の教えを、限りなく純粋に語った書。

1,650円

幸福の原点

人類幸福化への旅立ち

幸福の科学の基本的な思想が盛り込まれた、仏法真理の格好の手引書。正しき心の探究、与える愛など、幸福になる方法がここに。

1,650円

愛、無限

偉大なる信仰の力

真実の人生を生きる条件、劣等感や嫉妬心の克服などを説き明かし、主の無限の愛と信仰の素晴らしさを示した現代の聖書。

1,760円

人を愛し、人を生かし、人を許せ。

豊かな人生のために

愛の実践や自助努力の姿勢など、豊かな人生への秘訣を語る、珠玉の人生論。心を輝かす数々の言葉が、すがすがしい日々をもたらす。

1,650円

大川隆法ベストセラーズ・人類を導く救世の指針

真実を貫く

人類の進むべき未来

混迷する世界情勢、迫りくる核戦争の危機、そして誤った科学主義による唯物論の台頭……。地球レベルの危機を乗り越えるための「未来への指針」が示される。

1,760 円

信仰の法

法シリーズ 第24巻

地球神エル・カンターレとは

さまざまな民族や宗教の違いを超えて、地球をひとつに──。文明の重大な岐路に立つ人類に告げられる「地球神」からのメッセージ。

2,200 円

メシアの法

法シリーズ 第28巻

「愛」に始まり「愛」に終わる

「この世界の始まりから終わりまで、あなた方と共にいる存在、それがエル・カンターレ」──。現代に降臨した地球神が示す、本当の「善悪の価値観」と「真実の愛」。

2,200 円

大川隆法　東京ドーム講演集

エル・カンターレ「救世の獅子吼《ししく》」

全世界から５万人の聴衆が集った情熱の講演が、ここに甦《よみがえ》る。過去に 11 回開催された東京ドーム講演を収録した、世界宗教・幸福の科学の記念碑的な一冊。

1,980 円

幸福の科学グループのご案内

宗教、教育、政治、出版、芸能文化などの活動を通じて、地球的ユートピアの実現を目指しています。

幸福の科学

一九八六年に立宗。信仰の対象は、大宇宙の根本仏にして地球系霊団の至高神、主エル・カンターレ。世界百七十九カ国以上の国々に信者を持ち、全人類救済という使命の下、信者は、主なる神エル・カンターレを信じ、「愛」と「悟り」と「ユートピア建設」の教えの実践、伝道に励んでいます。

（二〇二五年三月現在）

愛

幸福の科学の「愛」とは、与える愛です。これは、仏教の慈悲《じひ》や布施《ふせ》の精神と同じことです。信者は、仏法真理をお伝えすることを通して、多くの方に幸福な人生を送っていただくための活動に励んでいます。

悟り

「悟り」とは、自らが仏の子であることを知るということです。教学《きょうがく》や精神統一によって心を磨き、智慧《ちえ》を得て悩みを解決すると共に、天使・菩薩《ぼさつ》の境地を目指し、より多くの人を救える力を身につけていきます。

ユートピア建設

私たち人間は、地上に理想世界を建設するという尊い使命を持って生まれてきています。社会の悪を押しとどめ、善を推し進めるために、信者はさまざまな活動に積極的に参加しています。

幸福の科学の教えをさらに学びたい方へ

心を練る。叡智《えいち》を得る。
美しい空間で生まれ変わる——

幸福の科学の精舎《しょうじゃ》

幸福の科学の精舎《しょうじゃ》は、信仰心《しんこうしん》を深め、悟《さと》りを向上させる聖なる空間です。全国各地の精舎では、人格向上のための研修や、仕事・家庭・健康などの問題を解決するための助力が得られる祈願《きがん》を開催《かいさい》しています。研修や祈願に参加することで、日常で見失いがちな、安らかで幸福な心を取り戻《もど》すことができます。

日本全国に27精舎、海外に3精舎を展開。

運命が変わる場所——

幸福の科学の支《し》部《ぶ》

幸福の科学は1986年の立宗《りっしゅう》以来、「私、幸せです」と心から言える人を増やすために、世界各地で活動を続けています。全国・全世界に精舎・支部精舎等を700カ所以上展開し、信仰《しんこう》に出合って人生が好転する方が多く誕生しています。
支部では御法話拝聴会、経典学習会、祈願、お祈り、悩み相談などを行っています。

支部・精舎のご案内
happy-science.jp/whats-happy-science/worship

海外支援・災害支援

幸福の科学のネットワークを駆使し、世界中で被災地復興や教育の支援をしています。「HS・ネルソン・マンデラ基金」では、人種差別をはじめ貧困に苦しむ人びとなどへ、物心両面にわたる支援を行っています。

自殺を減らそうキャンペーン

毎年２万人を超える自殺を減らすため、全国各地で「自殺防止活動」を展開しています。

公式サイト **withyou-hs.net**

自殺防止相談窓口

受付時間　火～土:10～18時（祝日を含む）

TEL **03-5573-7707**　メール **withyou-hs@happy-science.org**

ヘレンの会

公式サイト **helen-hs.net**

視覚障害や聴覚障害、肢体不自由の方々と点訳・音訳・要約筆記・字幕作成・手話通訳等の各種ボランティアが手を携えて、真理の学習や集い、ボランティア養成等、様々な活動を行っています。

幸福の科学　入会のご案内

幸福の科学では、主エル・カンターレ 大川隆法総裁が説く仏法真理《ぶっぽうしんり》をもとに、「どうすれば幸福になれるのか、また、他の人を幸福にできるのか」を学び、実践しています。

入会　仏法真理を学んでみたい方へ

主エル・カンターレを信じ、その教えを学ぼうとする方なら、どなたでも入会できます。入会された方には、『入会版「正心法語《しょうしんほうご》」』が授与されます。

入会ご希望の方はネットからも入会申し込みができます。

happy-science.jp/joinus

三帰《さんき》誓願《せいがん》　信仰をさらに深めたい方へ

仏弟子としてさらに信仰を深めたい方は、仏《ぶっ》・法《ぽう》・僧《そう》の三宝《さんぽう》への帰依を誓う「三帰誓願式」を受けることができます。三帰誓願者には、『仏説・正心法語』『祈願文《きがんもん》①』『祈願文②』『エル・カンターレへの祈り』が授与されます。

幸福の科学 サービスセンター
TEL 03-5793-1727
（受付時間／火～金：10～20時　土・日祝：10～18時（月曜を除く））

幸福の科学 公式サイト
happy-science.jp

幸福実現党

日本の政治に精神的主柱を立てるべく、2009年5月に幸福実現党を立党しました。創立者である大川隆法党総裁の精神的指導のもと、宗教だけでは解決できない問題に取り組み、幸福を具体化するための力になっています。

HS政経塾

大川隆法総裁によって創設された、「未来の日本を背負う、政界・財界で活躍するエリート養成のための社会人教育機関」です。既成の学問を超えた仏法真理を学ぶ「人生の大学院」として、理想国家建設に貢献する人材を輩出するために、2010年に開塾しました。これまで、多数の地方議員が全国各地で活躍してきています。

TEL 03-6277-6029
公式サイト hs-seikei.happy-science.jp

ハッピー・サイエンス・ユニバーシティ
Happy Science University

ハッピー・サイエンス・ユニバーシティとは

ハッピー・サイエンス・ユニバーシティ（HSU）は、
大川隆法総裁が設立された「日本発の本格私学」です。
建学の精神として「幸福の探究と新文明の創造」を掲げ、
チャレンジ精神にあふれ、新時代を切り拓く人材の輩出を目指します。

人間幸福学部　**経営成功学部**　**未来産業学部**

HSU長生キャンパス　TEL **0475-32-7770**
〒299-4325　千葉県長生郡長生村一松丙 4427-1

未来創造学部

HSU未来創造・東京キャンパス
TEL **03-3699-7707**
〒136-0076　東京都江東区南砂2-6-5

公式サイト **happy-science.university**

学校法人 幸福の科学学園

学校法人 幸福の科学学園は、幸福の科学の教育理念のもとにつくられた教育機関です。人間にとって最も大切な宗教教育を通して精神性を高めながら、ユートピア建設に貢献する人材輩出を目指しています。

幸福の科学学園

中学校・高等学校（那須本校）
2010年4月開校・栃木県那須郡（男女共学・全寮制）
TEL **0287-75-7777**　公式サイト **happy-science.ac.jp**

関西中学校・高等学校（関西校）
2013年4月開校・滋賀県大津市（男女共学・寮及び通学）
TEL **077-573-7774**　公式サイト **kansai.happy-science.ac.jp**

仏法真理塾「サクセスNo.1」

TEL 03-5750-0751(東京本校)

全国に本校・拠点・支部校を展開する、幸福の科学による信仰教育の機関です。小学生・中学生・高校生を対象に、信仰教育・徳育にウエイトを置きつつ、将来、社会人として活躍するための学力養成にも力を注いでいます。

エンゼルプランV

東京本校を中心に、全国に支部教室を展開。0歳〜未就学児を対象に、信仰に基づく豊かな情操教育を行う幼児教育機関です。

TEL 03-5750-0757(東京本校)

エンゼル精舎

乳幼児を対象とした幸福の科学の託児型の宗教教育施設です。神様への信仰と「四正道」を土台に、子供たちの個性を育みます。

(※参拝施設ではありません)

不登校児支援スクール「ネバー・マインド」

TEL 03-5750-1741

「信仰教育」と「学業修行」を柱に、再登校へのチャレンジと、生活リズムの改善、心の通う仲間づくりを応援します。

ユー・アー・エンゼル!(あなたは天使!)運動

障害児の不安や悩みに取り組み、ご両親を励まし、勇気づける、障害児支援のボランティア運動を展開しています。

一般社団法人
ユー・アー・エンゼル

TEL 03-6426-7797

公益活動支援

学校でのいじめをなくし、教育改革をしていくためにさまざまな社会提言をしています。
さらに、いじめ相談を行い、各地で講演や学校への啓発ポスター掲示等に取り組む一般財団法人「いじめから子供を守ろうネットワーク」を支援しています。

公式サイト mamoro.org ブログ blog.mamoro.org

相談窓口 TEL.03-5544-8989

百歳まで生きる会 〜いくつになっても生涯現役〜

幸福の科学

「百歳まで生きる会」は、生涯現役人生を掲げ、友達づくり、生きがいづくりを通じ、一人ひとりの幸福と、世界のユートピア化のために、全国各地で友達の輪を広げ、地域や社会に幸福を広げていく活動を続けているシニア層(55歳以上)の集まりです。

【サービスセンター】TEL 03-5793-1727

シニア・プラン21

【サービスセンター】TEL 03-5793-1727

「百歳まで生きる会」の研修部門として、心を見つめ、新しき人生の再出発、社会貢献を目指し、セミナー等を開催しています。

幸福の科学グループ　出版　メディア　芸能文化

幸福の科学出版

大川隆法総裁の仏法真理の書を中心に、ビジネス、自己啓発、小説など、さまざまなジャンルの書籍・雑誌を出版しています。また、大川総裁が作詞・作曲を手掛けた楽曲CDも発売しています。他にも、映画事業、文学・学術発展のための振興事業、テレビ・ラジオ番組の提供など、幸福の科学文化を広げる事業を行っています。

アー・ユー・ハッピー？
are-you-happy.com

ザ・リバティ
the-liberty.com

THE FACT

YouTubeにて随時好評配信中！

ザ・ファクト

マスコミが報道しない「事実」を世界に伝えるネット・オピニオン番組

公式サイト **thefact.jp**

全国36局 & ハワイで毎週放送中！

ラジオ番組 天使のモーニングコール

天使のモーニングコール

毎週様々なテーマで大川隆法総裁の心の教えをお届けしているラジオ番組

公式サイト **tenshi-call.com**

幸福の科学出版　TEL **03-5573-7700**　公式サイト **irhpress.co.jp**

NEW STAR PRODUCTION

ニュースター・プロダクション　公式サイト newstarpro.co.jp

「新時代の美」を創造する芸能プロダクションです。多くの方々に良き感化を与えられるような魅力あふれるタレントを世に送り出すべく、日々、活動しています。

ARI Production

ARI《アリ》 Production《プロダクション》　公式サイト aripro.co.jp

タレント一人ひとりの個性や魅力を引き出し、「新時代を創造するエンターテインメント」をコンセプトに、世の中に精神的価値のある作品を提供していく芸能プロダクションです。